다중 리터러시 학습

리터러시교육총서

다중 리터러시 학습

기혜선 지음

대한민국, 서울, 학이시습, 2025

다중 리터러시 학습

지은이 기혜선
펴낸이 박영률

발행일 2025년 7월 15일

학이시습
출판등록 2007년 8월 17일 제313-2007-000166호
02880 서울시 성북구 성북로 5-11 (성북동1가 35-38)
전화 (02) 7474 001, 팩스 (02) 736 5047
learningbooks@commbooks.com
www.commbooks.com

Lifelong Learning Books
5-11, Seongbuk-ro, Seongbuk-gu, Seoul, 02880, KOREA
phone 82 2 7474 001, fax 82 2 736 5047

ISBN 979-11-430-0610-3

책값은 뒤표지에 있습니다.

복잡한 세상 읽기

아침에 눈을 뜨고, 다시 잠자리에 들 때까지 우리가 얼마나 많은 읽고 쓰기를 하는지 생각해 보자. 기상 알람이 울리면 시계의 숫자를 읽으며 하루를 시작한다. 출근길 지하철 전광판 노선도를 읽거나 버스 벽면의 광고를 읽기도 한다. 밤새 도착한 메일을 읽고 답장을 쓰고 그날의 일정과 업무를 확인하며 추가 일정이나 업무 진행 상황을 기록하기도 한다. 수시로 울리는 메시지 알람에 무의식적으로 읽고 쓰기를 반복하고, 때로는 SNS에 업로드된 다른 사람들의 소식이나 생각, 세상 돌아가는 이야기를 읽으며 시간을 보내기도 한다. 습관적으로 넘겨보는 짧은 영상의 자막을 읽고, 다른 사람의 의견을 확인하며 나의 감상을 남기기도 한다. 이렇게 보면 우리는 거의 매 순간 읽고 쓰기를 하면서 살아가고 있다고 해도 과언이 아니다. 학습이나 업무 상황에서 의식적인 읽고 쓰기 외에도 일상의 거의 모든 순간에서 읽고 쓰며 살아가는 것이다.

인지심리학자 앤더슨(Anderson et al., 1985)은 읽기를 '의미 구성 과정(process of constructing meaning)'이라고

했다. 우리가 살면서 마주하는 다양한 기호를 인식하고 맥락적으로 이해하며 의미를 만들어 내는 과정이라는 것이다.

전통적으로 의미를 구성하는 대표적인 기호는 문자 텍스트였다. 과거 역사 속에서 문자 텍스트는 지식의 축적과 정보 전달, 소통의 도구로서 인류의 빌전에 핵심직인 역할을 해 왔다. 그러나 앞서 언급한 읽기와 쓰기의 사례에서도 볼 수 있듯이, 우리는 이제 문자뿐만 아니라 숫자, 이미지, 영상, 소리 등 다양한 방식으로 의미를 구성하고 있다. 현대사회에서 의미를 생성하고 기록하며 소통하는 방식은 문자 텍스트를 넘어 복합적이고 다층적인 양상으로 나타난다. 다양한 의미 구성 텍스트들은 각각 또는 서로 결합하여 새로운 의미를 생성하고 확장하며 또 다른 의미의 자원이 된다. 이러한 의미 구성의 방식은 다양한 미디어와 도구를 기반으로 상황과 맥락에 따라 기호들이 복합적으로 얽히고 결합하는 것이다.

사람들은 읽고 쓰기를 통해 자신의 생각(정신)과 행동(실천)을 만들어 나간다. 다양한 미디어와 복합양식의 텍스트가 글로벌한 연결성 속에서 다양한 의미를 생성하는 오늘날 문식 환경에서 읽기는 문자를 해독하여 소리를 내거나 뜻을 아는 것만이 아니다. 각기 다른 목적과 맥락에 맞추어 이해하는 과정을 포괄하는 실제적인 적용과 실천이라는 쓰기 행위와 세트로 구성된다.

읽고 쓰기는 우리 삶을 구성하는 사회적 활동이다. 단지 특정 기호를 읽고 쓸 줄 아는 것, 시험을 잘 보게 하는 것, 성적을 올리는 것에 대한 문제가 아니다. 다양한 기호적 텍스트를 읽고 쓴다는 것은 삶에서 마주하는 문제를 해결하고, 사회에 참여하고, 성장해 나갈 수 있는 근간이 된다. 글자를 깨치고 글의 내용을 이해하는 것을 넘어서서 삶에 적용하는 실제적인 앎의 기반이 되는 행위이자 과정이다. 따라서 기호의 의미를 인식하고 지식으로 소유하기 위한 것이 아니라 사회문화적 맥락 속에서 텍스트를 이해하고 해석하며 삶에 적용해 나가는 실천적 읽기와 쓰기로의 접근이 필요하다.

읽지 않는 시대?

그러나 오늘날을 읽지 않는 시대라 칭하며 걱정하는 목소리도 높다. 문화체육관광부에서 매년 시행하는 국민 독서 실태 조사에 따르면 지난 10년간 성인 독서율은 계속 하락해 왔다(문화체육관광부, 2023). 그나마 소폭 상승한 청소년 읽기는 문제집과 같은 학습서 읽기를 포함한 결과라는 사실에 주목할 필요가 있다. 독서율 저하로 인한 문해력

(literacy) 격차 문제는 이미 사회 문제로 심각하게 다루어지고 있다. '심심한 사과'라는 표현에 사과를 왜 심심하게 하냐며 도리어 화를 냈다는 일화나 '우천 시'는 어디에 있는 지명이냐고 묻는 콩트는 씁쓸한 실소를 자아낸다. 일상의 모든 순간에서 읽고 쓰면서 살아가는데, 읽지 않는 시대라는 말은 무엇이며 이해하지 못한 어휘적 한계는 무슨 일인가?

기술의 발전은 의미를 구성하는 기호와 기호를 읽는 방식의 다양성을 가중했다. 말과 글의 언어적 요소를 포함하여 이미지, 소리, 움직임 등의 요소가 각각 의미를 가진 기호로 등장할 뿐만 아니라 중층적으로 결합하여 새로운 의미를 생성한다. 급격하게 발전하는 기술을 바탕으로 현대인들은 다양한 의미 구성 텍스트를 해석하는 것은 물론 여러 상황 맥락에서 적용하고 활용하며 창조하기를 요구받고 있다. 발전하는 기술과 글로벌한 사회를 반영하며 다양한 텍스트, 다양한 학습자, 다양한 맥락과 학문 분야를 아우르는 역량이 필요해진 것이다.

최근 유행하는 1분 미만의 영상을 생각해 보자. 사람들의 시선을 사로잡을 이미지, 영상, 자막, 음악이 전략적으로 결합하고 있다. 같은 사진과 자막이라도 음악이 달라지면 내포하는 의미는 다르게 읽힌다. 기호의 다양성과 역동성은 기술의 발전에 힘입어 빠르게 확장하고 있으며, 이러한 맥락에서 읽고 쓸 줄 아는 능력에 대한 개념이 어떤 능력, 기능에 국한된 문제가 아니라 가능성을 가진 역량에 대한 메타포로 확장하고 있음을 알 수 있다.

리터러시에 대한 확장된 개념은 지식, 진리, 기능의 습득, 학습한 내용에 대한 의미 생성, 삶에서 구체화할 수 있는 역량을 포괄한다. 따라서 리터러시는 교육적 맥락에서 변화하는 사회적 흐름과 요구를 반영하고 실제적 변화를 이끌어 내는 방향으로 나아가야 한다(기혜선, 2024).

읽고 쓸 줄 아는 것?

읽고 쓰는 과정과 양상은 사람마다 매우 다르다. 같은 텍스트 혹은 이미지를 마주하고도 사람마다 이해 방식이 다르거나 완전히 다른 의미를 구성하는 경우를 본 적이 있을 것이다. 이러한 차이는 인지적, 정서적, 사회적, 맥락적 요인 등 개인이 지닌 다양한 요소들의 영향으로 나타나며, 이러한 요소들은 개인을 둘러싼 상황적 맥락에 따라 모두 다르게 작용하기 때문이다.

현대사회가 복잡해질수록 점점 더 다양한 영역과 층위에서 리터러시 개념 및 목록이 등장하고 있는 듯하다. 컴퓨터 능력이 요구되면서 '컴퓨터 리터러시', 미디어가 등장하면서 '미디어 리터러시', 다양한 디지털 기술을 기반으로 하는 '디지털 리터러시', 사회적으로 AI가 중요한 기술로 등장하자 최근에는 'AI 리터러시'에 대한 논의가 활발하게 이루어지고 있다. 그뿐만 아니라 현대사회에서 정서적 문제가 대두되면서 '정서 리터러시' 영역도 점점 더 세분화하고 있다. 이처럼 리터러시는 사회의 다양성과 역동성을 반영하며, 다양한 의미 구성 기호들과 그 결합을 통해 실천적 차원의 능력과 기능은 물론, 그 이상의 다중적 개념과 영역으로 확장하고 있다. 이러한 확장은 변화하는 기술에 대한 기능적 관심을 넘어, 문제 해결, 상호 소통, 정보 분석 등 인간 삶 전반의 실천과 연결되는 교육적 접근으로 이어지고 있다.

『읽는다는 것의 미래』(임완철, 2019)에서 저자는 우리와 우리 다음 세대가 읽어야 할 것이 바뀐다면 아마도 우리 다음 세대는 그 새로운 읽을 것을 만드는 일을 할 것이라고 했다. 이제 읽고 쓴다는 것은 기호를 읽고 정보를 습득하거나 지식이나 정보를 전달하기 위해 기호적 텍스트를 쓰는 것만을 말할 수 없게 되었다. 사회적 흐름을 반영하고 실천과 변화를 추구하는 교육적 차원에서 사회를 살아가기 위한 소양으로 논의된다. 읽고 쓸 줄 아는 것, 즉 리터러시 역량은 텍스트 자체의 의미를 발견하는 것이 아니라 텍스트와 자신의 다양한 맥락을 연결하고 삶에서 마주한 문제를 읽고, 세상을 읽고 자신을 성찰하며 변화와 성장을 도모하는 것이다. 다양한 연결성을 바탕으로 주체적인 학습자의 탐구적인 사고를 통해 무엇이 되어 가는 학습으로 접근하며, 궁극적으로 잘 살아가기 위한(well-being) 역량이다. 그렇다면 우리는 이러한 현대사회의 리터러시 역량을 함양하기 위해 어떻게 접근해야 할 것인가.

이 책은 우리가 살아가는 데 다양한 리터러시가 필요하다는 것을 전제로 한다. 리터러시 학습이 삶을 영위하기 위한 지식, 기능, 사고, 문제 해결 차원에서 끊임없이 변화하고 성장하는 기반이 될 수 있음을 주지하고 실제 삶에서 여러 리터러시 역량이 유기적으로 융합되어 적용될 수 있어야 한다는 것에 주목했다. 이에 따라 이 책에서 제시하는 다중 리터러시(multiple literacies)는 학습자의 성장과 발전을 도모하는 학습의 방법론적 논의다. 리터러시의 사회문화적 관점과 새로운 재개념화에 기반하여 급변하는 환경 속에서 리터러시에 관심 있는 학생, 교사, 그리고 사회 구성원으로 잘살고자 하는 이들에게 리터러시 교육의 방향성을 제시한다. 서로 다른 다양한, 각각의 리터러시 교육을 넘어 다중 리터러시 관점에서 사고하고 학습하는 능력을 키우는 방법을 제안한다. 모쪼록 효과적인 리터러시 학습 전략을 수립하고 자기 주도적인 학습자를 길러 내는 데 도움이 되기를 바란다.

참고문헌

기혜선(2022). 다중리터러시 학습 기반 독서 수업 모형 개발연구. 가톨릭대학교 박사학위 논문.

기혜선(2024). 학습자 맞춤형 문해력 학습(Personalized Literacies Learning) 설계를 위한 시론. ≪독서연구≫, 71, 255-281.

문화체육관광부(2023). 2023 국민독서실태조사.

임완철(2019). 『읽는다는 것의 미래』. 지식노마드.

Anderson, R. C., Hiebert, E. H., Scott, J., & Wilkinson, I. A. G. (1985). *Becoming a nation of readers: The report of the Commission on Reading*. National Institute of Education.

차례

편집자 일러두기

- 인명, 작품명, 저서명, 개념어 등은 한글과 함께 괄호 안에 해당 국가의 원어를 병기했습니다.
- 외래어 표기는 현행 어문규정의 외래어표기법을 따랐습니다.

01

다중 리터러시의 개념

현대사회에서는 문자 언어를 넘어서 다양한 감각 양상으로 된 복잡한 텍스트를 통해 맥락적으로 의미를 구성하고, 실천하는 것이 더욱 강조되고 있다. 리터러시는 본질적으로 복합적이고 융합적이며 다차원적으로 얽힌 실천 기제다. 다중 리터러시 개념은 의미 구성과 실천의 차원에서 다양한 연결성과 역동적인 생성 과정을 강조한다.

리터러시의 확장

리터러시(Literacy)는 전통적으로 '읽고 쓸 줄 아는 능력'을 일컫는 말이다. 읽고 쓸 줄 아는 것은 인류의 역사에서 오랜 시간 동안 사회의 특권층만 가질 수 있는 능력이었다. 그러나 산업화 과정을 겪으면서 읽고 쓸 줄 아는 능력을 갖춘 사람이 그렇지 못한 사람에 비해 훨씬 나은 일자리와 급여를 받을 수 있게 되었고 일반 사람들도 리터러시가 개인의 삶(well-being)에 영향을 미친다는 것을 인식하게 되었다. 더불어 국가 차원에서도 구성원의 읽고 쓰기 능력이 국가 성장의 기반이라고 여기게 되었다.

이러한 인식은 교육적 흐름으로 연결되어 보편적인 교육이 마련되는 토대가 되었다. 당시 학교에서는 더 많은 사람이 읽고 쓰는 방법을 익히는 데 목적을 두고 문자 해독과 이해에 초점을 맞춘 기능적인 교육을 시행했다. 읽고 쓰기를 위한 지식과 규칙을 가르치고 언어 중심 해석 능력 함양을 위해 기능 반복 훈련이 주로 이루어진 것이다(Levine, 1986; Beach et al., 1992; Holme, 2004; Albers et al., 2014; Bull & Ansty, 2019).

그러나 현대의 리터러시는 문자 언어를 넘어 다양한 미디어의 복잡한 텍스트를 읽고 쓰는 것, 맥락적으로 의미를 구성하는 것, 자신의 삶에 적용하고 실천하는 것을 강조하면서 전통적인 리터러시 개념에서 크게 확장되었다. 단순히 읽고 쓰는 기능적인 차원을 넘어 사람들의 생각, 가치, 문제 해결, 그리고 사회적 역할을 연결하는 역량으로 급격히 발전하는 기술과 글로벌하게 연결되는 사회의 흐름을 반영하는 것이다.

오늘날 사람들은 여러 방식으로 표현된 의미 텍스트를 전 세계에서 동시에 읽고 표현할 수 있게 되었다. 쉽고 빠르게 연결되는 기술 속에서 현대인들은 실시간으로 의사소통과 문제 해결 과정에 직면하게 되었다. 클릭 한 번으로 다양한 정보를 얻을 수 있고 지구 반대편에 있는 사람과 안부를 나눌 수 있지만 한편으로는 과거보다 훨씬 다양하고 복잡한 방식의 참여와 실천을 요구받고 있다. 이처럼 현대사회에서 읽고 쓸 줄 안다는 것은 단순히 글자를 해독하고 문장을 쓸 줄 아는 능력 이상이다. 그것은 다양한 소통 양식을 이해하고 생산하기 위한 실천적 능력이자, 복잡한 사회적 맥락에 대응하며 살아가기 위한 필수 요건이다.

현대사회에서 리터러시는 소통과 문제 해결을 위한 역량이다. 삶에서 실제로 활용하고 적용할 수 있게 하는 것이며 사회의 일원으로 자신의 삶을 잘 영위하기 위해 필요한 능력이다. 여기에는 새롭게 등장하는 기술을 다루는 것처럼 기능적인 능력도 포함하며 사회문화적으로 적용, 참여, 실천하게 하는 역량을 아우른다.

실제로 리터러시 역량에 대한 중요성은 점점 커져 다양한 교육 영역으로 확장되어 가고 있다. 최근의 리터러시 논의를 살펴보면, 문해력(文解力)이라는 우리말로 풀이되어 기능 중심의 읽기와 쓰기 교육으로 접근하기도 하고 다양한 기술을 익히고 활용하는 능력으로 간주되어 여러 학문 분야에서 교육적 필요성으로 제기되기도 한다. 이러한 흐름은 현대사회에서 정보를 기능적으로 다루고, 이해하며, 표현하는 모든 활동을 포괄하려는 경향성이라고 할 수 있다. 그러나 한편으로는 여전히 전통적인 리터러시 개념에 기반한 기능 중심의 교육이 강조되면서 고정된 지식 습득에 머무르는 경우도 발견된다. 예를 들어, 문자 텍스트를 읽고 해석하는 능력에만 초점을 두는 경우 읽고 쓰기 자체가 목적이 되기 쉽고, 기술 활용에만 집중할 경우 특정 도구나 미디어 사용에 국한된 접근으로 제한될 수 있는 것이다. 물론 기능적인 읽기와 쓰기는 리터러시 역량을 키우는 데 중요한 기반임을 명심해야 한다. 그러나 궁극적으로 읽고 쓰는 것이 삶의 문제를 해결하고 사회에 참여하는 데 실제로 활용될 수 있어야 하며, 이러한 관점에서 교육이 구성되어야 함을 주지해야 한다.

사회의 흐름을 반영하는 확장된 리터러시 개념을 이해

하기 위해서 역으로 리터러시 역량이 부족하다는 것(illiteracy)을 살펴보면 도움이 된다. 리터러시 역량이 부족하다는 것은 글자를 모르는 상태뿐만 아니라 읽을 수는 있지만 뜻을 파악하지 못하는 것, 잘못 해석하거나 핵심을 파악하지 못하는 것, 잘못된 정보를 추출하는 것 등을 모두 일컫는다. 리터러시 역량이 부족하면 텍스트를 엉뚱하게 해석하거나 정보를 부정확하게 활용하는 등 다양한 활동을 잘못 수행할 수 있고, 소통의 오류를 만들어 내며 담론을 오해하거나 왜곡하여 전달하는 등 사회적 문제를 유발할 수 있다. 따라서 리터러시 역량 부족은 읽고 쓰기의 기능적인 차원의 개인적인 문제만이 아니라 사회문화적, 역사적, 정치적인 관계 안에서 의미를 생성하고 전달하는 소통의 문제로 확장하여 이해해야 한다.

사회문화적 관점의 리터러시 개념이 주목받게 된 것은 "뉴리터러시 연구(New Literacy Studies)"(The New London Group, 1996)에서였다. 현대사회의 복잡성과 연결성을 반영하며 리터러시 교육에서 실제적이고 실천적 측면을 강조한 이 연구는 학습자의 다양한 사회문화적 맥락과 변화하는 세계를 전제로 상호작용과 상황의 맥락성을 교육의 핵심 요소로 삼아야 한다고 강조했다. 이는 읽기 방식에서도 교섭(transaction)하는 읽기 방식을 강조하면서 텍스트의 맥락적인 해석과 다양한 의미 구성을 지향하도록 했다. 이전에는 텍스트의 뜻을 정확히 파악하는 데 초점을 두고 언어학적이고 수사학적으로 올바른 읽기를 강조했다면 사회문화적 관점이 논의된 이후의 읽기에서는 다양한 텍스트를 고려하고 학습자의 맥락과 글로벌한 연결성, 의사소통 등 과정적이고 실제적인 의미 구성에 초점을 두게 되었다.

실제로 기술이 발전하고 다양한 미디어가 빠르게 등장하면서 읽기의 대상과 방식 자체에 큰 변화가 나타났다. 과거 읽기가 종이책을 바탕으로 한 문자 텍스트 읽기였다면, 현대 사람들은 다양한 미디어를 기반으로 복합적으로 구성된 텍스트를 읽는다. 언어뿐만 아니라 시각, 청각, 몸짓, 공간 등 다양한 요소가 여러 감각을 사용하여 의미를 구성하는데, 스마트폰을 통해 손쉽게 접할 수 있는 짧은 영상 콘텐츠조차도 움직임, 자막, 내레이션, 음악, 효과음 등 다양한 요소로 구성되어 있다. 시청자는 이와 같은 다중 요소를 무의식적으로 통합적으로 인식하며, 전체적인 의미를 구성하고 해석하려는 인지적 노력을 수행한다. 이처럼 기술이 발전하면서 등장하게 된 새로운 도구와 복합양식 텍스트는 과거와는 전혀 다른 실천과 소통 양식으로 존재한다. 텍스트 양식은 복합적으로 변화하였고 우리가 읽고 써야 할 대상은 한없이 확대된 것이다.

한편, 이러한 기술의 발전과 사회의 변화를 일찍이 예견하고 새로운 리터러시 교육이 필요하다는 데 뜻을 모은 사람들이 있었다. 1994년 미국의 뉴런던에서 모인 그들은 글로벌한 변화 속에 다양성이 공존하는 사회로 이행하는 흐름을 인식하고, 각기 다른 의미 생성과 소통을 위한 리터러시 교육이 필요하다고 생각했다. 뉴런던 그룹(Mary Kalantzis, Bill Cope, Allan Luke, James Paul Gee, Norman Fairclough, Gunther Kress, Courtney Cazden, Martin Nakata, Sarah Michaels, Carmen Luke 등)이라고 불리는 이들은 멀티리터러시 교육학(A Pedagogy of Multiliteracies : Designing Social Future, 1996)을 주창하며 새로운 리터러시 개념을 확장한다.

멀티리터러시(Multiliteracies)는 사회의 다양성과 세계화를 기반으로 연결성에 초점을 두는 교육학적 관점에 기반한다. 뉴런던 그룹은 멀티리터러시를 '언어에 국한하지 않은 다양한 종류의 교육을 창조하는 것', '다양한 양상(mode)을 역동적인 표현 자원으로 사용하는 것', '사회문화적 맥락에서 목적을 달성하기 위해 끊임없이 재생산되는 것'으로 정의했다(The New London Group, 1996). 멀티리터러시는 다양한 기호적 텍스트를 활용하여 소통하고 새롭게 창조해 낼 줄 아는 사람을 길러 낼 수 있도록 하는 교육학적 방법론이다. 발전하는 기술 환경을 기반으로 리터러시 실천을 통해 사회에 기여할 수 있는 역량 있는 인재를 양성하는 것을 교육의 핵심 목표로 삼는다.

오늘날 리터러시는 개인이 어떤 글자를 읽고 뜻을 파악할 수 있는가의 문제를 넘어선다. 자신이 속한 사회 · 문화에 참여하고 적극적으로 소통하고, 문제를 해결할 수 있는 역량으로 실제 삶에서 작동하는 것이다. 특히 기술의 급속한 발달로 리터러시는 다양한 미디어의 의미 구성 텍스트를 읽을 줄 알고 이해하며 소통하고 생성하여 표현할 줄 아는 것으로 사회적 참여와 실천의 관점에서 크게 다루어지고 있다. 발전하는 기술의 도구적 활용, 사회문화적 맥락에서 의미 구성과 실천으로 지식과 학습을 지칭하는 리터러시는 개인의 능력이나 기능을 넘어 다양한 역량을 포괄하는 메타포로서 여러 영역에서 활용되기에 이르렀다.

리터러시의 다중성

디지털 미디어가 우리 일상의 도구로 자리 잡게 되면서 교육 현장에서는 교사보다 더 미디어를 잘 다루는 학생들이 등장하기 시작했다. 이에 교육 현장에서는 디지털 세상에서 태어난 그들보다 교사가 더 전문가가 되어 가르치는 것은 불가능하다는 견해도 나오기 시작했다. 실제로 새롭게 등장하는 다양한 리터러시를 개별적으로 익히고 하나하나 가르치기에 현실적인 한계가 따른 것이다.

하지만 본래 리터러시는 삶의 맥락에서 복합적이고 융합적이다. 현대사회를 살아가는 데 비판적 리터러시가 중요하다고 해서 비판적 리터러시만으로 살아갈 수는 없다. 우리의 삶 속에는 다양한 리터러시들이 다차원적으로 복잡하게 얽히어 문제를 바라보게 하고 실천의 기제로 작동한다. 따라서 리터러시 교육은 다양한 리터러시 각각을 가르치는 것보다 리터러시의 본질적인 개념인 의미 구성과 실천에 바탕을 둔 융합적인 교육법으로의 접근을 모색할 필요가 있다.

다중 리터러시(multiple literacies)는 리터러시를 통합적이고 융합적으로 바라보는 관점이다. 다중 리터러시 관점에서 리터러시는 개인의 다양한 사회적 맥락 속에서 다차원적으로 구성되며, 리터러시 행동 또는 사건으로 나타나고 존재한다. 특정 개인이 실제 삶의 맥락에서 개인적으로 혹은 공동체와 함께 행하는(do) 리터러시 이벤트(event)인 것이다(Masny & Cole, 2009). 이러한 관점은 리터러시를 단순히 결과로 이해하는 것이 아니라 과정에 초점을 맞추면서 개인을 둘러싼 다양한 리터러시의 연결과 의미 생성, 파생되는 행동과 사건 등을 일련의 역동적인 과정으로 이해하고자 함이다. 특정 개인을 둘러싼 맥락에서 다양한 리터러시가 연결되어 의미를 생성하고 행동과 사건을 만들어 낸다는 데 주목한다.

다중 리터러시는 프랑스 철학자 들뢰즈(Deleuze)와 과타리(Guattari)의 철학적 기반 위에서 리터러시를 논하는 다중 리터러시 이론(Multiple Literacies Theory)에 뿌리를 둔다. 이 관점에서 텍스트는 독자의 정체성과 독자를 둘러싼 세계를 연결하고 조립하여 하나의 사건을 생성하는 역할을 한다. 텍스트 자체로 무엇을 의미하는 것이라기보다 무엇을 하게 하고 어떤 것을 만들어 내는지 관심을 둔다. 텍스트의 글자를 읽는 행위로부터 우리는 세상을 읽고, 자신을 이해할 수 있는 과정을 엮어 낸다. '읽기(reading)', '세상 읽기(reading the world)', '자아 읽기(reading self)'는 실천에 이르게 하는 과정이며 세상 속에서 개인이 변화하게(becoming) 하는 힘을 가진다. 즉 텍스트를 읽고 쓴다는 것은 삶에서 마주하는 다양한 경험과 성장해 가는 과정이라는 것이다.

다중 리터러시에서 말하는 다중성은 리터러시 주체(개인)를 둘러싼 복잡하고 다양한 맥락을 의미한다. 각각의 리터러시 주체는 서로 다른 다양한 배경과 맥락을 가지고 있다. 같은 텍스트를 읽더라도 서로 다른 목적과 과정이 나타날 수 있고 서로 다른 실천을 행할 수 있다. 즉, 다중성은 리터러시 주체의 기억, 욕망, 마음(mind)을 형성하는 삶 전반의 사건들과 중첩된 것들 모두를 포함한다(Masny & Cole, 2009; Masny, 2011). 인간의 삶에서 이러한 다중적인 요소들은 다양한 상황과 영역에서 상호 관계를 맺으며, 궁극적으로 의미, 실천, 사건 등을 복잡하게 구성하며 의사소통과 실천의 기제가 된다.

따라서 다중 리터러시는 미디어의 다양한 활용이나 텍스트의 기능적 활용 차원을 넘어 리터러시 주체의 질적·양적 다양성을 중요한 요소로 다룬다. 리터러시 주체를 중심으로 리터러시 행동과 사건을 구성하여 익히고 체화하는 데 초점을 두는 것이다. 학습에서 다양한 주체를 고려한다는 것은 고정적이고 단편적인 지식이나 진리를 습득하는 차원 이상을 의미한다. 어떤 지식이나 기능을 습득하고 다룰 줄 아는 것보다 습득한 지식과 기능을 삶의 문제에 어떻게 적용하고, 이를 바탕으로 새로운 의미와 실천을 창조할 수 있는지 탐구하는 과정에 무게를 두고자 하는 것이다. 즉, 다중 리터러시는 리터러시 주체의 역동성과 창의성을 중심으로 삶과 실천의 맥락 속에서 리터러시의 본질을 탐구하는 것이라고 할 수 있다.

다중 리터러시 학습의 의의

포스트모더니즘(postmodernism) 패러다임에서 인간은 맥락적이고 상호 주체적인 존재다. 우리가 가진 지식과 가치는 사회문화적 표현 양식과 상호 관계 속에서 형성된다. 개인을 둘러싼 담론 공동체와 상호작용하고 특정 텍스트를 읽고 의미를 구성하고 이를 실천하는 과정에 살고 있는 사람들은 서로 다른 방식으로 리터러시를 실천하게 되고, 각자의 경험과 맥락 속에서 다양한 리터러시(literacies)를 형성한다(Gee, 2015).

쏟아지는 정보 속에 살고 있는 현대인들은 마주하는 정보를 취사선택할 수 있는 역량과 창조적인 실천에 대한 요구를 끊임없이 받으며 살고 있다. 서로 다른 리터러시는 텍스트를 다양하게 해독하는 것뿐만 아니라 다양한 의미를 생성하고 소통하며 협상하는 실천의 집합체이다(Lankshear & Knobel, 2011). 우리는 특정 하나의 리터러시만으로 살아가며 마주하는 문제를 해결할 수 없다. 특히 시대의 변화와 기술 발전에 따라 리터러시는 계속 생성·확장하면서 다양한 의미와 실천을 구성하게 한다.

디지털 기술의 발달은 의미 구성과 실천의 맥락을 더욱 강조하는 방향으로 변화를 이끌었다. 지구 반대편에 있는 사람들과 실시간으로 의견을 나누고, 복합양식

(multimodal) 텍스트를 통해 감각적으로 의미를 구성하며, 자신만의 생각을 보다 구체적이고 적극적으로 표현하는 일상을 사는 현대인들은 각기 다른 사회문화적 맥락 속에서 다차원적으로 리터러시를 구성하고 이를 실천하고 있다. 문자를 비롯한 다양한 기호적 텍스트를 읽고 비판적으로 분석하고 새로운 정보를 창출하며 이를 실천으로 연결하는 융합적이고 통합적인 학습이 요구되는 것이다 (Serafini & Gee, 2017).

읽고 쓸 줄 아는 기능을 배우는 것이 전통적인 리터러시 교육의 목적이었다면 오늘날 리터러시는 특정 기술에 대한 습득을 넘어, '의미 구성'과 '실천'이라는 본질적 속성을 탐구하는 과정이다. 몇 번의 터치만으로 정보를 검색하고, 다양한 콘텐츠를 소비하며, 온라인 공간에서 타인과 소통하는 시대인 오늘날에는 공간, 맥락의 다양성뿐만 아니라 텍스트도 복합적으로 기능한다. 텍스트는 미디어에서 매개되는 요소로서 이데올로기적이고 설득적이다. 정체성과 선문싱이 점점 더 모호해지는 가상 공간을 통해 우리에게 전해지는 콘텐츠를 비판적으로 이해하고 능동적으로 대응하는 능력은 현대인들이 꼭 갖추어야 할 능력이지만 매우 어려운 것이기도 하다. 더 나아가 다양한 의미를 구성하는 텍스트를 비판적으로 해석하고 활용하며, 다원화된 이데올로기와 가치를 인식하고 수용할 수 있는 역량을 갖추는 것은 현대사회를 살아가는 고차원적인 소양이 된다.

이에 개인이 속한 다양한 사회적 맥락과 다층적인 실천을 인식하며 이를 위해 다양한 목적과 과정이 필요함을 강조하는 다중 리터러시(multiple literacies) 교육이 필수적이다. 리터러시 실천이 이루어지는 기제는 고정된 것이 아니라, 사회적 · 문화적 · 기술적 변화에 따라 유동적으로 변화하는 것이며 개인과 사회를 연결하고 변화시키는 역동적인 과정이므로 리터러시 학습은 다중적 요소를 고려한 의미 구성 과정이어야 한다. 따라서 다중 리터러시 학습을 사회의 다양한 맥락을 포괄하여 의미를 구성하고 실천하는 역량을 길러 주기 위한 통합적이고 융합적인 리터러시 교육의 방법론으로 제안하고자 한다.

참고문헌

Albers, P., Holbrook, T., & Flint, A. S.(Eds.).(2014). *New methods of literacy research* . New York, NY: Routledge.

Bull, G., & Anstey, M.(2019). *Elaborating multiliteracies through multimodal texts: Changing classroom practices and developing teacher pedagogies.* Routledge.

Beach, R., Green, J., Kamil, M., & Shanahan, T.(1992). *Multiple perspectives on research in literacy. In Urbana, IL*: National Conference for Research in English.

Gee, J. P.(2015). *Social linguistics and literacies: Ideology in discourses*. Routledge. 김영란·이정은 외 옮김(2019). 『사회적 언어학과 서로 다른 리터러시. 담론과 이데올로기』. 사회평론아카데미.

Holme, R.(2004). *Literacy: an introduction*. Edinburgh: Edinburgh University Press.

Lankshear, C., & Knobel, M.(2011). *New Literacies Third edition*. Mc Graw Hill Open University press.

Levine, K.(1986). *The social context of literacy*. Taylor & Francis.

Masny, D., & Cole, D. R.(2009). Introduction To Multiple Literaies Theory. *Multiple literacies theory: A Deleuzian perspective*. 1-11. Sense Publishers.

Masny, D.(2011). Multiple Literacies Theory: exploring futures. *Policy Futures in Education*. 9. 494-594

Serafini, F., & Gee, E.(2017). Introduction. In Serafini, F., & Gee, E(eds.). *Remixing Multiliteracies*. 1-16. Teachers College Press.

The New London Group.(1996). A pedagogy of multiliteracies: Designing social futures. *Harvard Educational Review*, 66(1), 60-92.

02

리터러시 이벤트

리터러시 이벤트는 삶의 맥락에서 구성된 결과물이기도 하지만, 리좀성을 가진 다양한 가능성을 내포한 존재로서 계속 확장하는 성격도 가지고 있다. 우리는 일상에서 특정한 리터러시 이벤트를 마주하고 또 다른 연결과 사유로 새로운 의미와 실천의 리터러시 이벤트를 생성한다. 리터러시 이벤트의 리좀적인 성격은 다중 리터러시에서 변화와 성장을 도모하는 기제가 된다.

리터러시 이벤트의 개념

다중 리터러시 관점에서 리터러시는 개인의 다양한 사회적 맥락 속에서 다차원적으로 구성되며, 리터러시 행동 또는 사건으로 나타나고 존재한다. 따라서 다중 리터러시를 이해하기 위해서는 리터러시 이벤트(literacy event)가 무엇인지 알고 그 특성을 이해할 필요가 있다.

리터러시 이벤트란 개인이 주변 환경과 상호작용하고 이를 해석하는 과정에서 발생하는 구체적인 활동을 의미한다. 단순하게 습득하는 정보와 같은 것이 아니라 리터러시 실천이 실제 행동으로 나타나, 관찰이 가능한 형태로 존재하는 것이다. 스크라이브너와 콜(Scribner & Cole, 1981)은 리터러시 실천을 특정 기술(technology)과 지식 활동 반복적으로 일어나는 목표지향적이고 연속적인 사건(sequence)으로 정의했다. 정보를 알고 활용하고 적용하는 과정에서 기술, 지식, 기능이 서로 유기적으로 연결되어 특정 목적을 달성해 가는 것으로, 의미를 생성하고 실천하여 존재하는 일련의 과정을 말한다.

예를 들어, 플라스틱과 지구환경에 관한 텍스트를 접했다고 하자. 이 텍스트는 종이책일 수도 있고, 다큐멘터리나 뉴스일 수도 있다. 우리는 이 텍스트를 통해 플라스틱 사용이 환경에 미치는 영향을 이해하고, 환경 보호에 대한 새로운 의미를 구성할 수 있다. 그러나 이 지식이 머릿속에만 남아 있다면 리터러시 실천이 이루어진 것이라고 할 수 없다. 구성한 의미를 바탕으로 일상에서 플라스틱 사용을 줄이고 환경 보호 활동에 참여하는 실천을 행할 때 우리는 리터러시 주체가 된다. 리터러시 실천은 사고와 행위를 결합하는 활동이며, 개인의 가치관, 감정, 지식, 신념을 반영하는 문화적 행위이기도 하다. 특정 공동체 안에서 의미를 구성하고 문제를 해결하는 방식이자, 사회적 목표를 실현하는 과정이다. 이러한 리터러시 실천이 관찰할 수 있는 형태로 나타날 때 리터러시 이벤트가 된다(Barton & Hamilton, 2012). 플라스틱 사용을 줄이기 위해 텀블러를 들고 다니는 것과 같은 실천을 통해 특정 리터러시 이벤트가 존재하게 되는 것이다. 즉 리터러시 이벤트는 특정한 기호적 텍스트를 중심으로 리터러시 실천을 구체적으로 드러내는 핵심 요소라고 할 수 있다.

리티러시 이벤트의 성격

이러한 리터러시 이벤트는 하나의 사건으로 존재하고 끝나는 것이 아니다. 리터러시 이벤트는 다양한 가능성을 품고 끊임없이 변화하고 확장할 수 있다. 앞서 예를 든 환경 보호 실천을 다시 생각해 보자. 한 개인이 플라스틱 사용을 줄이겠다는 의미를 구성하고, 이를 실천하기 위해 텀블러를 사용했다. 그는 카페에서 친구를 만나면서도 텀블러에 음료를 받는다. 이러한 행위는 단순히 '텀블러 사용'이라는 결과만이 아니다. 텀블러 사용 경험을 통해 생성된 새로운 의미는 또 다른 실천을 파생한다. 예를 들어, 텀블러 사용 경험으로 플라스틱 사용을 줄이는 데 더욱 긍정적인 의미가 만들어졌다면 장바구니를 사용하거나 다회용 용기를 사용하는 등 일회용품 줄이기에 좀 더 적극적으로 동참하는 실천을 행할 수 있다. 반찬 가게에서 다회용기를 사용하는 이벤트가 만들어질 수도 있고, 카페에서 함께 만난 친구에게 텀블러 사용의 이점을 전파할 수도 있다. 더 나아가 환경 문제를 적극적으로 탐구하기 위해 탄소 중립에 대한 텍스트를 읽고 실천 방법을 모색하게 될 수도 있다.

이처럼 우리에게 관찰되는 리터러시 이벤트는 하나의 완결된 결과물이 아니라, 또 다른 의미 구성과 실천의 출발점이 된다. 이러한 특징을 설명하는 개념이 바로 리좀적 과정(rhizomatic process)이다. 리좀(rhizome)이란 특정한 중심이 없이 뻗어 나가는 뿌리줄기처럼, 사물이나 개념이 위계 없이 연결되고 확장되는 방식을 말한다(Deleuze & Guattari, 2001). 리좀적 사유는 탈중심적 연결, 차이를 수용하는 유연성, 이질성의 공존, 그리고 변주와 재구성을 통한 창조적 확장을 특징으로 한다(이진경, 2002; 여수현, 2020; 최소희 외, 2020; 이원영 · 이정민, 2021).

다중 리터러시 관점에서 리터러시 이벤트는 단순히 하나의 의미나 행동으로 고정되지 않는다. 다양한 가치, 이데올로기, 기호 양식, 사회문화적 맥락이 복합적으로 연결된 결과이며 끊임없이 새로운 의미와 사건을 만들어 낼 수 있다. 다시 말해 리터러시 이벤트는 단일한 목표를 향해 나아가는 선형적인 과정이라기보다는 새로운 의미를 생성하고 재구성하며 확장해 나가는 네트워크적 과정에 더 가깝다.

디지털 환경에서는 이러한 리터러시 이벤트의 리좀성이 더욱 두드러진다. 최근 드라마 소비 형태를 생각해 보자. 과거에는 TV라는 미디어를 통해 일방적으로 송출되는 드라마를 감상하고 수용하는 차원이었다면 현대인들은 다양한 미디어를 통해 드라마를 재구성하여 공유하고 소통한다. 드라마를 시청한 사람들은 드라마에서 표현된 상징과 은유를 분석하고 뒷이야기를 적극적으로 추론하면서 다양한 산물을 만들어 다양한 미디어를 통해 공유한다. 인상적인 장면만 모아 재구성하기도 하고, 새로운 대사와 상황을 만들어 재편집하기도 하는 등 적극적인 리터러시 실천을 수행하는 것이다(최인자, 2005; 정혜승, 2009; 강유나, 2016; 편지윤, 2021).

드라마 속 특정 캐릭터나 서사에 공감하는 시청자는 관련 정보를 공유하기도 하고 새로운 담론을 형성하는 토대로 삼기도 한다. 더 나아가 자신의 삶에서 경험한 현실과 드라마를 연결하여 사회적 문제를 환기하거나, 새로운 서사를 창조하는 방식으로 실천을 이어 나가며 다양한 리터러시 이벤트를 만들어 낸다. 사람들은 드라마뿐만 아니라 재구성된 산물들을 수용하며 댓글을 남기거나 '좋아요'를 누르는 등 양방향으로 참여하고 소통한다. 이 과정은 일회성일 수도 있고 계속 확장해 나갈 수도 있다. 예를 들어 누군가 드라마에 대한 리뷰를 작성했을 때 그에 대한 댓글과 반응이 이어지고, 다시 새로운 해석과 담론이 생성되는 것처럼 말이다. 이러한 리터러시 이벤트는 개별적이거나 하나의 특별한 경험으로 존재하는 것이 아니라 다양한 참여자들과 상호작용하며 새로운 의미를 만들어 가는 연결고리가 된다. 즉 리터러시 이벤트는 계속해서 새로운 해석을 만들어 내고, 또 다른 사건을 촉발하는 과정 속에 있는 것이다.

오늘날 우리는 다양한 맥락에서 리터러시 이벤트를 경험하고 있다. 디지털 미디어를 기반으로 문화의 소비 또한 단순한 정보 습득 차원을 넘어 적극적인 의미 구성과 실천의 형태로 변화하고 있다. 이러한 변화 속에서 리터러시 이벤트의 리좀성은 리터러시가 끊임없이 생성되고 재구성되는 실천적 과정이라는 점을 보여 준다. 주목할 점은 리터러시의 리좀적 과정은 새로운 가능성과 변화를 만들어 가는 개방적인 흐름 속에서 한없이 지속될 수 있다는 점이다.

리터러시 이벤트의 역동성

리터러시 이벤트를 다양체로 인식하고 리좀적 성격을 전제하는 것은 리터러시 학습에서 중요한 관점이 된다. 리터러시 이벤트의 다양성과 연결성을 인정하는 것은 곧 변화와 창조의 가능성을 수용하는 것이다. 리터러시 이벤트는 단순히 하나의 완결된 결과물이 아니라, 실제 삶의 맥락 속에서 끊임없이 확장되고 재구성되며, 새로운 실천과 의미를 만들어 낼 수 있는 리좀적 존재 양식이 된다. 특정한 수업 환경에서 구성된 리터러시 이벤트는 그 수업 안에서는 하나의 결과물로 보일 수 있지만, 학습자가 이를 개인의 삶의 맥락으로 가져갈 때는 새로운 의미와 실천으로 확장될 가능성을 내포하고 있다.

만약 리터러시 이벤트가 단일한 결과물이라면 학습은

고정된 지식과 내용 습득 차원에서 가능할 것이다. 학습자들은 리터러시 이벤트를 통해 주어진 지식을 단편적으로 습득하고 그 결과물을 산출하는 데 집중할 수 있다. 그러나 실제 삶의 맥락에서 리터러시 이벤트는 잠재적 가능성을 내포한다. 리터러시 이벤트를 결과물로 인식하는 것은 학습이 실제 삶과 유리된 상태의 고정된 수업 환경에 국한하게 한다. 이는 특정한 수업 환경에서 미리 정해진 리터러시 실천에 대한 경험이며 학습이다. 선형적이고 단절적인 학습 경험은 리터러시 이벤트의 본질적인 속성을 반영하지 못하며, 변화와 창조의 가능성을 축소할 수 있다.

우리는 일상에서 특정한 리터러시 이벤트를 접하고, 이를 또 다른 연결과 사유로 이어 가며, 새로운 리터러시 이벤트를 창조한다. 이러한 리좀적 확장은 변화와 창조를 지향하는 다중 리터러시의 핵심적인 성격이며, 학습을 위한 필수적인 관점이다. 변화와 확장은 단순히 미디어 도구의 활용이나 특정한 결과물 생산의 문제에 국한되지 않는다. 그것은 학습자 개개인의 맥락과 정체성을 포함하는 리터러시 실천의 과정과 깊이 연관된다.

만약 리터러시 이벤트의 변화와 확장을 미디어와 도구 차원에서만 바라본다면, 미디어를 능숙하게 활용할 줄 아는 능력을 다중 리터러시 역량으로 인식할 위험이 있다.

이는 콘텐츠를 제작하고 배포하는 사람을 다중 리터러시 역량을 갖춘 능동적인 주체로 간주하는 반면, 그 콘텐츠를 활용하거나 반응하는 다수의 이용자는 수동적인 수용자로 인식하게 할 수 있다. 그러나 댓글을 남기거나, '좋아요'를 누르거나, 특정 콘텐츠를 어떤 목적을 두고 반복 시청하는 행위 또한 하나의 리터러시 실천으로 본다면 이러한 행동들을 단순한 소비가 아니라 나름의 방식으로 의미를 구성하고 실천하는 과정으로 해석할 수 있다. 댓글은 또 다른 리터러시 이벤트의 자원으로 활용될 수 있고, 재생 횟수와 같은 데이터는 특정한 사회적 이슈를 형성하거나 담론을 확대하는 실천으로 작용할 수 있기 때문이다.

다중 리터러시는 기술적 능력이나 콘텐츠 제작 역량을 넘어 개인이 속한 사회문화적 맥락에서 의미를 생성하고 이를 실천하는 역동적인 과정이다. 학습의 관점에서도 리터러시 이벤트를 고정된 결과물이 아니라 변화하고 확장되는 과정으로 이해할 때 학습자는 자신의 경험과 사고를 바탕으로 새로운 의미를 창조하고 실천할 수 있는 능동적인 존재가 된다

참고문헌

강유나(2016). 현대문화 속 멜로 드라마 코드 읽기 - 비판과 공감의 리터러시 함양을 위한 수업 설계. ≪교양교육연구≫, 10(3), 487-514.

여수현(2020). 읽기의 리좀(rhizome)적 특성 고찰. ≪한국초등교육≫, 31(2), 233-243

이원영·이정민(2021). 리좀 기반 온라인 창작 학습 모형. ≪학습자중심교과교육연구≫, 21(17), 829-843.

이진경(2002). 천의 고원을 넘나드는 유쾌한 철학적 유목, 『노마디즘 I』. 휴머니스트.

정혜승(2009). 문식성 실천으로서 베토벤 바이러스 팬덤(fandom) 읽기. ≪국어교육≫, 128, 273 - 324.

최소희·유영만·강수민·임애련(2020). 들뢰즈 리좀 개념에 비추어 본 독서교육의 시사점. ≪학습자중심교과교육연구≫, 20(23).

최인자(2005). 한국 청소년 수용자의 T.V 드라마 수용 패턴과 그 매체교육적 시사점. ≪한중인문학연구≫, 15, 139-160.

편지윤(2021). 드라마 텍스트와 읽기의 즐거움 : 유튜브 '드라마 리뷰' 채널의 사례를 중심으로. ≪독서연구≫, 61, 191-219.

Barton, D., & Hamilton, M. (2012). *Local literacies: Reading and writing in one community*. Routledge.

Deleuze, G., & Guattari, F.(1980). *Mille plateaux: Capitalisme et schizophrénie 2*. Les Éditions de Minuit. 김재인 옮김(2001). 『천 개의 고원』. 새물결.

Scribner, S., & Cole, M.(1981). *The psychology of literacy*. Harvard University Press.

03

기호 작용으로서 읽기

의미는 특정한 맥락에서 독자가 자신의 경험과 텍스트를 연결하면서 구성된다. 복잡하고 다양한 양상의 텍스트가 등장한 오늘날 리터러시 환경에서 의미 구성 과정은 기호 작용으로 설명될 수 있다. 기호 작용은 다양한 도상적 기호가 사회문화적 맥락과 학습자의 경험을 통해 지표적이고 상징적으로 발전하는 과정이다. 다중적인 감각 양상 텍스트 읽기는 기호 작용을 통해 의미를 생성하고 재구성하는 것이다.

읽기에서의 의미 구성

앞서 다중 리터러시는 개인의 다양한 맥락과 리터러시의 연결, 의미 생성, 리터러시 이벤트의 역동적인 과정으로 리좀적인 특징을 가진다고 했다. 무엇보다 주지해야 할 점은 다중 리터러시가 과정에 초점을 둔다는 점이다. 특히 '뜻(meaning)을 발견하는 과정'이 아니라 '의미(sense)를 구성하는 과정'이라는 점에서 중요한 시사점을 가진다.

일반적으로 사람들은 텍스트를 읽으면 그 속에 담긴 고정된 뜻을 파악하려 한다. 예를 들어, "눈이 온다"라는 문장은 일반적으로 "하늘에서 얼어붙은 물방울의 결정이 내려오는 현상"이라는 뜻을 가지고 있다. 뜻(meaning)은 텍스트에 내재된 객관적인 정보로 누구나 동일하게 해석할 수 있는 요소다(Deleuze, 1969/1999). 그러나 의미(sense)는 텍스트가 특정한 맥락과 개인의 경험 속에서 새롭게 구성되는 과정에서 생성되는 것이다. 텍스트에 고정된 것이 아니라, 맥락과 개인의 경험에 따라 끊임없이 변화하며 새롭게 구성될 수 있는 것이다. 예를 들어 '눈이 온다'라는 메시지를 생각해 보자. 아빠와 눈 오는 날에 함께 놀았던 추억이 있는 아이가 아빠에게 이 메시지를 받았다면 아빠의 퇴근을 기다리며 즐거운 순간에 대한 의미를 만들 수 있다. 하지만 퇴근을 앞둔 운전자에게 동료가 보낸 메시지일 경우 미끄러운 도로로 인한 교통 체증에 대한 걱정의 의미가 생성될 수 있는 것이다.

의미 구성(sense making)은 외부 자극과 메시지를 개인이 유의미하게 조직화하는 과정이다. 이 과정은 세상을 이해하고 타인과 상호작용하며 행동의 방향을 결정한다(Weick, 1995; Ancona, 2012). 의미 구성 과정은 단순한 정보 해독을 넘어 개인의 정체성, 사회문화적 맥락, 감각적 지각이 결합하여 형성되는 다층적 과정이다(소경희 외, 2020). 다중 리터러시의 관점에서 의미 구성은 기호적 텍스트들을 연결하고, 그 과정에서 더욱 깊이 있는 의미를 창출하는 것이다. 이는 단순히 텍스트가 담고 있는 뜻을 해석하는 것이 아니라, 사회문화적 맥락과 상호작용하며 의미를 생성하고 변형하는 과정인 것이다.

한편, 역사적으로 의미를 구성하는 방식은 시대에 따라 변화해 왔다. 구술 문화에서는 청각적 요소가 중요한 의미 구성 도구였고, 인쇄 문화에서는 시각적 텍스트가 중심이었다. 오늘날 디지털 환경에서는 복합양식(multimodal) 텍스트로 인해 감각적 지각과 상호작용이 더욱 강조되고 있다. 예를 들어 눈이 오는 날에 눈이 쌓인 사진이나 영상을 찍어 화이트 크리스마스 노래를 함께 조합한 메시지를 보낸다면 눈의 의미는 낭만, 아름다움의 의미로 구성될 것이다. 하지만 눈으로 인한 도로 위의 사고 사진이나 영상에 사고 소리나 경고 음악을 접한다면 눈은 위험한 것이라는 의미가 만들어질 것이다.

이처럼 현대의 의미 구성 과정은 언어적 기호뿐만 아니라, 시각적 · 청각적 기호가 상호작용하는 방식에서 더욱 강력하게 이루어진다. 이는 본질적인 진리에 대한 해석이 아니라 가상적으로 생성한 의미가 실제적인 실천으로 통합되는 과정이기 때문이다.

기호 작용

다중 리터러시에서 읽기는 단순한 정보 습득이 아니라, 능동적으로 의미를 구성하는 과정이다. 이는 단순한 해독(decoding)이 아니라, 텍스트와 상호작용하며 새로운 의미를 생성하는 총체적인 기호 작용(semiosis) 과정으로 볼 수 있다.

기호 작용이란 현대 기호학의 아버지 퍼스(Peirce)가 기호학적 관점에서 의미 생성 행위를 설명하기 위해 사용한 개념으로, 기호를 인식하고 해석하며 새로운 의미를 형성하는 과정을 말한다(Tafaghodtari, 2009). 이 개념을 확장하여 학습 과정 자체를 기호 작용으로 보는 '교육 기호학(edusemiotics)'이 등장하기도 했는데 학습을 기호와 의미 생성의 관계를 탐구하는 것으로 제안한다. 교육 기호학에서 인간은 기호 사용 체계 가운데에서 기호를 생성하는 과정을 경험하는 존재다. 이는 데카르트식의 실체 이원론, 분석적인 언어 철학, 그리고 인간의 주관성을 무시하는 전통적인 교육에 대한 대안으로 교육의 양적 결과 또는 산물보다 과정을 우선시한다. 가르치는 것을 학습(배움)으로 호환하며 실제에 기반을 둔 수행 지향적인 활동을 강조한다(박일우 외, 2017).

이러한 맥락에서 기호 작용은 텍스트(기호), 해석하는 주체, 그리고 의미 구성 과정이 상호작용하는 역동적인 과정으로 이해할 수 있다. 기호 작용 과정에서 '의미'는 단순히 텍스트 속에 존재하는 것이 아니라, 사회문화적 맥락과 학습자의 경험을 통해 끊임없이 생성되고 재구성되는 것이다. 기호 작용은 삼원성으로 설명할 수 있는데, 도상성(iconicity) - 지표성(indexicality) - 상징성(symbolism)의 과정이다. 가상의 내재적 의미가 실천에 다다르는 하나의 리터러시 이벤트가 되어 가는 것으로 기호는 삼원적 과정에 따라 이동하고 성장하며, 무엇이 되어 간다(Tafaghodtari, 2009).

도상적으로 세상을 구성하는 다양한 기호들은 경험 안에서 스스로 의미를 갖고 표상하는 정도에 따라 해석된 지표가 된다. 그러나 도상적으로 떠도는 기호가 전부 지표적으로 해석되어 개념화되는 것은 아니다. 떠도는 모든 기호적 요소 중 어떤 의미가 되는 것은 일부에 지나지 않는다. 실제로 길을 다니면서 마주한 모든 간판이 나에게 어떤 의미로 남지 않는 것처럼 말이다. 만약 배가 고파 식당을 찾고 있다면 여러 간판 중에서 식당 간판들은 지표적으로 머물게 될 것이다. 그중에서도 특정하게 먹고 싶은 메뉴나 후기가 좋은 가게는 상징성을 가지고 의미가 생성될 수 있다.

지표는 내재적으로 상징으로 자리하며 비판적 적용, 실천의 기제가 된다. 이를 텍스트에 국한하여 설명하면 특정 텍스트는 독자의 경험 안에서 의미와 해석을 구성하고 적용과 실천에 다다르면서 '되기(becoming)'의 내재적 과정을 거친다. 그러나 모든 텍스트의 요소들이 실천으로 이어지는 것은 아니며 일부만이 실제화되는 것이다. 일테면 식당 간판을 찾았다고 해서 실제로 들어가서 밥을 먹는 것으로 이어지지 않을 수도 있다. 유명한 식당이지만 먹고 싶은 메뉴가 없을 수도 있고, 먹고 싶은 메뉴는 있지만 식당의 분위기가 마음에 들지 않을 수도 있다. 이처럼 지표는 실천을 유도하는 기제로 작용할 수는 있지만, 항상 실천으로 귀결되는 것은 아니다.

한편, 도상적 기호가 지표가 되고 상징이 되었다고 해서 끝나는 것이 아니라 실천이 된 기호는 다시 도상적인 기호 중 하나가 되어, 또 다른 의미와 실제로 구성될 수 있다. 그날은 배고픔으로 인해 찾아간 식당으로 상징적 의미를 가질 수 있지만, 그저 한번 가 본 여러 식당 중 하나로 남을 수 있다. 한번 가 본 여러 식당은 도상적 기호로 상황과 맥락에 따라 지표성을 갖거나 상징화될 수도 있고 영원히 도상적 기호로 남을 수도 있다. 즉 삼원적 과정은 계속 반복되고 확장되는 과정이다.

결국 기호는 단순히 고정된 의미를 갖는 것이 아니라, 끊임없이 새로운 의미를 생성하고 변화하는 것이라는 말이다. 들뢰즈는 기호를 '표상되지 않는 무의미한 기계'라고 설명하며, 기호가 어떤 외부와 만나 사유하고 작동하는 방식에 따라 서로 다른 효과를 만들어 낸다고 보았다(이진경, 2002). 기호는 독자의 경험, 감각, 맥락에 따라 전혀 다른 의미를 생성할 수 있으며, 그 과정 속에서 의미는 끊임없이 확장되고 변형될 수 있다.

기호 작용으로서 읽기

오늘날 미디어 환경은 사람들에게 단순한 정보 해독을 넘어, 다양한 기호가 상호작용하는 복합적인 과정을 요구한다. 미디어 읽기는 다층적인 기호 작용 과정에서 이루어지는 의미 구성 활동이며, 단순히 메시지를 전달받는 것이 아니라, 텍스트를 해석하고 새로운 의미를 생성하는 능동적인 과정이라고 할 수 있다.

영화를 감상할 때 우리는 단순히 화면 속 내용을 받아들이는 것이 아니라, 대사(언어적 기호), 표정(비언어적 기호), 배경음악(청각적 기호) 등이 상호작용하며 형성되는 메시지를 해석한다. 관객은 화면에 나타난 기호의 뜻 그대로를 받아들이는 것이 아니라 자신의 경험과 연결하여 자신만의 의미를 구성할 수 있다. 예컨대 주인공이 어두운 골목에서 누군가를 기다리는 장면을 본다고 하자. 주인공은 매우 천진난만한 표정을 짓고 있다. 하지만 함께 깔린 어두운 조명, 긴장감 있는 음악은 표면적으로 보이는 도상적인 기호의 의미를 다르게 만들 수 있다. 관객은 배우의 천진한 표정, 아무것도 없는 배경에도 불구하고 음악과 조명에 대한 그간의 경험에 빗대어 불안이라는 정서를 생성하고, 배우의 표정에 빗대어 더욱 자극적인 의미를 생성하고 끔찍한 다음 장면을 상상할 수 있다.

뉴스 읽기도 마찬가지다. 뉴스 기사는 텍스트뿐만 아니라 사진, 그래프, 영상 클립 등 다양한 기호적 요소로 구성된다. 독자는 기사의 제목을 보고 내용을 예측하거나, 특정 사진과 텍스트를 비교하며 사건의 맥락을 해석한다. 예를 들어, 자연재해 뉴스를 볼 때 단순히 피해 규모를 파악하는 것보다 피해자의 얼굴이 클로즈업된 사진을 보며 감정적 반응에 치중하게 될 수 있다. 이는 미디어가 단순한 정보 전달 도구가 아니라, 특정한 기호를 통해 감정을 조율하고 의미를 구성하는 과정을 생성하기 때문이다.

SNS에서 기호 작용은 더욱 복잡하고 역동적이다. 사용자는 텍스트, 이모지, 해시태그, 이미지, 동영상 등을 활용하여 자신만의 메시지를 만들어 내고 사람들의 반응을 유도한다. 사람들은 자신의 맥락에서 게시물에 대한 의견 개진에 '좋아요', '공유', '댓글' 등의 표현 방법으로 참여할 수 있다. 이러한 활동은 단순히 주어진 정보에 대한 의견일 뿐만 아니라 새로운 의미를 생성하고 확장하는 과정이 된다.

미디어 읽기는 도상적으로 떠도는 기호를 해석하고 의미를 창조하는 능동적 과정이다. 독자는 텍스트와 이미지를 해석하고, 이를 자기 경험과 사회적 맥락에 연결하며, 새로운 의미를 창조한다. 미디어 환경이 더욱 다양해지고 복잡해지는 오늘날, 기호 작용으로서의 미디어 읽기는 현대사회를 이해하고 소통하는 데 핵심적인 역할을 한다.

참고문헌

소경희·박지애·최유리(2020). 교육개혁 실천에 있어서 교사들의 '의미-만들기(sense-making)' 과정에 대한 개념적 이해. ≪교육과정연구≫, 38(4), 131-155.

박일우·배은숙·안호영·이현민·조혜경(2017). 한국형 자유학예대학(Neo-LAC)을 위한 교육기호학의 제언. ≪기호학연구≫, 51, 83-107

이진경(2002). 천의 고원을 넘나드는 유쾌한 철학적 유목, 『노마디즘 I』. 휴머니스트.

Ancona, D. (2012). Sensemaking: Framing and acting in the unknown. In S. Snook, N. Nohria, & R. Khurana (Eds.), *The handbook for teaching leadership: Knowing, doing, and being.* 3 - 19. SAGE Publications.

Deleuze, G.(1969). *Logique du sens.* Éditions de Minuit. 이정우 옮김(1999). 『의미의 논리』. 한길사.

Tafaghodtari, M. H.(2009). Experimenting with Multiple-Literacies Theories: Exploration of a New Lens for Policy Analysis, In Masney, D., & Cole, D. R., *Mapping Multiple Literacies: An Introduction to Deleuzian Literacy Studies.* 151-166. Brill Sense.

Weick, K. E.(1995). *Sensemaking in organizations.* Thousand Oaks, CA: Sage.

04

리터러시 학습자의 정체성

다중 리터러시의 복잡성과 연결성은 리터러시 주체를 둘러싼 복잡하고 다양한 맥락에서 비롯된다. 의미 구성 주체의 정체성은 사회적 실천을 위한 읽기와 믿음, 행동, 가치 형성 등의 면에서 복잡한 사회적 행위와 연관되어 있다. 리터러시 학습은 학습자들의 다양한 가치와 생각, 정체성을 배려하고, 융합하면서, 탐구하고, 실천하는 방식으로 접근해야 할 것이다.

리터러시 주체의 정체성

앞서 다중 리터러시의 다중성은 리터러시 주체를 둘러싼 복잡하고 다양한 맥락을 의미하며 리터러시 주체의 질적 · 양적 다양성을 중요 개념으로 갖는다고 했다. 즉, 다중 리터러시는 개인의 리터러시 정체성을 핵심 요소로 삼는다.

리터러시 정체성은 한 개인이 필연적으로 구성된 공동체의 일원으로서 얻은 삶의 경험과 선택적으로 구성된 공동체 활동을 통해 형성된다(Anstey & Bull, 2018). 개인은 민족, 국가, 가족, 젠더 등 필연적으로 속한 공동체와 학교, 동호회 등의 선택적 공동체에서 각각의 가치와 문화를 기반으로 개인의 역할을 설정하고 가치와 문화를 전수한다. 다시 말해 다양한 공동체 맥락의 사회 체계에서 주어진 다양한 역할과 다양한 범주 속에서 자신을 인식하며 형성되는 것이다.

다중 리터러시 개념에서 정체성이 강조되는 이유는 정체성이 모든 사회적 의미 구성 행위에 관여하기 때문이다. 의미 구성 과정에서 개인은 무의식적으로 자기 인식 기저에 있는 자아존중감, 권력 지향, 소속감, 주체성 등 심리적 기제를 작동시켜 자기가 속한 내집단을 우위에 두고 자신을 긍정적인 존재로 인식한다. 이는 개인을 주체적인 리터러시 참여자로 존재하게 하는 데 매우 중요한 요소가 된다. 주체성은 정체성의 한 양상으로 스스로 긍정적이고 적극적이며 성공적인 문제 해결자로 인식하는 경향성이다. 따라서 스스로 자신을 주체적인 참여자로 인식하는 것은 학습을 하는 데 매우 중요한 요소라고 할 수 있다(옥현진, 2009).

또한, 리터러시 실천은 정체성을 표현하고 재구성하는 핵심적인 도구다. 리터러시 학자 지(Gee, 2015/2019)는 리터러시 실천으로 구성된 담론을 정체성 세트(identity kit)라고 하였다. 사회적 실천 맥락에서 리터러시 이벤트는 읽기, 행동하기, 믿기, 가치가 조합되는 것인데 이들은 리터러시 정체성에 의해 연결된다는 것이다(Janks, 2009/2019). 궁극적으로 리터러시를 행하는 과정에서 다양한 연결과 상호작용은 리터러시 정체성에 의하며 리터러시를 새롭게 재구성하는 자원이 된다. 리터러시 정체성은 개인에게 깊숙이 체화되어 특정 텍스트의 코드 및 관습을 해석하는 것뿐만 아니라 리터러시 이벤트를 구성하는 중요한 기반으로 작용한다.

즉, 특정 지식뿐만 아니라 개인의 사회문화적 자원, 기술 경험을 비롯한 모든 생활 경험을 아우르는 것이며 학습이 텍스트 이해 수준에서 벗어나 사회문화 맥락에서 능동적이고 관여적 실천을 포괄할 수 있게 하는 구심점이 된다. 특히 오늘날 다중성과 역동성으로 대변되는 사회에서 리터러시 정체성은 의미 구성과 리터러시 실천 과정 전반을 아우르는 핵심 기제이다. 개인의 리터러시 정체성은 서로 다른 리터러시 이벤트를 생성하는 중요 요인이기 때문이다.

리터러시 정체성의 다중성

중요한 점은 개인의 리터러시 정체성은 고정되고 단일한 것이 아니라는 것이다. 일찍이 지(Gee, 2000)는 개인의 정체성을 자연적으로 만들어지는 정체성(nature-identity), 조직을 기반으로 만들어지는 정체성(institution-identity), 담론에 기반하여 만들어지는 정체성(discourse-identity), 친교로 만들어지는 정체성(affinity-identity)으로 구분하며 한 개인 안에 복합적인 정체성이 있음을 시사했다.

사람에게는 누구나 성별, 이름, 나이, 인종과 같이 타고나는 정체성 외에도 살아가면서 국가나 민족, 종교, 학교, 직업, 혹은 취미나 친구에 의해 생기는 여러 개의 정체성이 교차하고 공존한다. 사람들은 서로 다른 맥락에서 조합된 다양한 삶의 경험을 복잡하고 다층적으로 연결하여 의미를 만들어 가는데 이 과정에서 상황과 맥락에 따라 적절한 정체성이 두드러진다. 다양한 상황에서 각자의 리터러시 정체성에 기반하여 의미로 구성된 연속체는 리터러시 이벤트가 되고, 어떤 공동체 일부로서 서로 영향을 주고받으며 변화의 힘을 갖게 된다.

리터러시 정체성이 다중적이라는 것은 생성적 의미를 내포한다. 개인이 특정 리터러시 정체성을 장착할 때, 이전의 정체성을 버리는 것이 아니라 기존 정체성과의 관계 속에서 새로운 의미를 형성한다. 만약 새로운 담론을 마주한 개인이 기존의 자신의 정체성과 서로 다른 차이를 인식하고 이전의 것을 버리고 새로운 것을 장착하고자 한다면 이는 새로운 담론에 동화되는 것이다.

하지만 대부분의 사람들이 새로운 것을 마주했을 때는 자신의 내부에서 기존의 것과 새로운 것이 만나 교류적으로 새로운 의미를 구성하게 된다. 이전의 정체성을 완전히 버리지 않고 새로운 의미를 통해 새로운 정체성을 마련한다. 다시 말해 리터러시 정체성은 다중적이며, 다중적이라는 것은 각각이 서로 다르다는 의미 이상의 또 다른 관계성을 통한 생성과 변화의 가능성이라고 할 수 있다.

정체성 변화로서 학습

다중적인 리터러시 정체성에 기반하여 학습을 바라보자

면 학습은 개인이 습득된 가치, 생각의 방식, 정체성 등이 조화롭게 융합되고 차이를 생성하는 '배움'이라고 할 수 있다. 학습자가 습득한 것과 경험한 것을 조합하여 구성해 간다는 개념이다. 일반적으로 지금까지 학습은 가르침 또는 의식적 성찰을 촉발하는 것으로 삶의 경험을 통해 얻는 지식을 포함했다. 하지만 배움은 학습자가 주체가 되어 명시적 가르침과 삶의 경험을 통해 구성하는 것이라고 할 수 있다.

배움은 배워야 할 어떤 것을 익히고 동일성의 재현을 반복하는 '앎'과 구별된다. 앎은 개념의 일반성과 결과들의 규칙을 소유하는 평온한 상태이지만, '배움'은 기호와의 마주침에서 일어나는 본질적인 이념 탐색 과정이며 창조적 사유다(김재춘 · 배지현, 2012). 이러한 맥락에서 학습자의 리터러시 정체성은 개인이 가지고 있는 물리적, 사회적, 문화적 환경 간의 관계와 개인이 생각하고 느끼고 행동하고 상호작용하는 관계를 설정하고 탐구하고 실천하는 배움의 구심점이 된다.

변화의 가능성은 사물에 속한 것이 아니라 사물들과 다양하고 역동적 관계에서 발생하는 것이다. 기호 작용 과정에서 감각적 의미 구성과 다양한 연결, 생성, 창조 등의 활동을 통해 무엇으로 변화하고 되어 가는 성장은 리터러시 정체성을 중심으로 이루어지는 것이다. 배움으로서 학습은 배움과 성장의 관점에서 존재와 존재 사이의 관계와 변화, '되어 가는 것'에 초점을 둔다. 복잡하고 비선형적인 방식에 대한 기회와 경험을 제공하면서 학습자의 정체성과 목적에 대한 인식, 타자와의 차이 인정뿐만 아니라 자신의 목적에 맞는 연결을 창출한다. 궁극적으로 자기 삶에서 효용성 있는 문제를 해결하고 실천에 이르는 과정에 대한 학습으로의 접근이다.

참고문헌

김재춘·배지현(2012). 들뢰즈 철학에서 '배움'과 '가르침'의 의미와 관계 탐색. ≪교육학연구≫, 50(3), 125-149

옥현진(2009). 정체성과 문식성. ≪국어교육학연구≫, 35, 361-386.

Anstey, M., & Bull, G.(2018). *Foundations of multiliteracies: Reading, writing and talking in the 21st century.* Routledge.

Gee, J. P.(2015). *Social linguistics and literacies: Ideology in discourses. Routledge.* 김영란·이정은 외 옮김(2019). 『사회적 언어학과 서로 다른 리터러시. 담론과 이데올로기』. 사회평론아카데미.

Gee, J. P.(2000). Identity as an Analytic Lens for Research in Education. *Review of Research in Education,* 25(1), 99 – 125.

Janks, H.(2009). *Literacy and power.* Taylor & Francis. 장은영 외 옮김(2019). 『리터러시와 권력』. 사회평론아카데미.

05

디자인으로서 학습 과정

학습에서 디자인은 다양한 기호와 도구를 활용하여 의미를 만들고 외현화하며, 맥락 속에서 구체적인 변화를 도모하는 과정이다. 학습자의 정체성을 중심으로 새롭게 구성된 의미와 지식을 맥락 속에서 실천하고 행동하도록 하는 것이다. 디자인으로서 학습 과정은 가용 디자인, 디자인하기, 재디자인하기의 순환적 과정이며, 인지적, 정서적 영역을 통합하는 능동적이고 역동적인 성격을 갖는다.

학습에서 디자인

학습에서 디자인은 개인의 다양한 리터러시 정체성을 중심으로 사회문화적 맥락 안에서 학습 과정을 구성하는 것이다. 일반적으로 디자인은 어떠한 목적 아래 설계되고 구현되는 것을 의미하며 보통 건축이나 공학 분야, 의상, 미술 등 물리적인 제품을 생산하는 분야에서 많이 사용되어 왔다. 그러나 리터러시 학습에서 디자인은 의미와 지식이 실천에 이르는 과정으로, 멀티리터러시를 주창한 뉴런던 그룹(The New London Group, 1996)은 급변하는 사회의 새로운 리터러시 교수학습 방법으로 제안했다.

그들은 의미 혹은 지식을 생성한다는 것이 결코 우리 머릿속에서 끝나는 일은 아니라는 것에 주목했다. 실천과 행동으로 이어지도록 하는 과정이 필요하다는 것이다. 학습은 본질적으로 물질에 의존하고 상호 협력이라는 사회적 성격을 갖는다는 점에서, 어떤 행동을 위한 디자인은 우리 사고를 외부화하기 위한 일련의 지식 행동 결과라고 했다(Kalantzis & Cope, 2016). 그들이 제안한 디자인은 변화하는 리터러시 환경에서 의미 구성을 위해 다양한 기호와 도구들을 조합하고 또다시 조합하여 새로운 의미를 생성하고 변화를 도모하는 것이었다. 그런 의미에서 교육 방법으로서 디자인은 '가용 디자인(available design)'-'디자인하기(designing)'-'재디자인(the redesigned)'의 과정을 갖는다(Kalantzis & Cope, 2016).

'가용 디자인'은 의미 구성을 위한 자원을 말한다. 디자인이 가능한 여러 가지 감각적인 기호 체계, 텍스트가 그것이다. 기호가 사용되는 사회문화 맥락 속에서 의미 생성에 영향을 주는 체계, 관습, 담론 등을 발견하는 메타 기호적 경험도 포함한다(이수원, 2017). 다양한 기호적 텍스트를 마주하고 읽는 것, 해석되는 원리를 이해하는 활동 등 기호가 어떻게 의미를 형성하고 사회문화적 맥락 속에서 작동하고 있는지 탐색하는 것이다.

'디자인하기'는 가용 디자인의 활용을 넘어 재현(representation)과 재맥락화를 경험하게 하며 실제적인 의미 구성 활동이다. 가용 디자인에서 구성한 다양한 맥락과 의미들을 다시 조합하고 재조합하고 수정하는 디자인 과정을 통해 새로운 관계성을 구성하고 새로운 의미를 생성할 수 있다. 학습자는 디자인하기 과정을 거쳐 목적에 맞는 실천을 위해 적절한 기술과 전략 및 소통 방식을 활용하는 '재디자인' 과정으로 나아간다.

'재디자인'에서는 제작, 공유, 배포 등 실제적인 실천의 기회를 제공한다. 학습자의 사회문화적 맥락 속에서 지식, 사회적 관계, 정체성 등을 고려하여 재생산, 또는 변화, 생성된 산물에 대한 성찰과 평가도 진행된다.

아울러 재디자인 과정에서 만들어진 산물은 또 다른 기호적 텍스트로서 가용 디자인의 자원이 될 수 있다. 즉, 가용 디자인, 디자인하기, 재디자인 과정은 순환적이며 과정적이고 맥락적이다. 이 과정은 고정된 규칙보다는 능동적이고 역동적인 성격을 강조한다.

한편 쟁크스(Janks, 2009/2019)는 이러한 디자인 개념에 기반하여 비판적 리터러시 요소로서 재디자인을 강조하며 변화를 위한 수단과 새로운 아이디어, 대안적 관점에 대한 중요성을 제시하기도 했다. 하지만 다중 리터러시 맥락에서 디자인은 복수의 기호 체계, 즉 텍스트의 다양한 양식과 복합적인 리터러시 정체성, 맥락적 상황성에 대한 것이다. 여러 기호적 텍스트를 다양한 맥락에서 조합하고 재조합하여 새로운 의미와 산물을 생성해 가는 학습 방법으로 이해한다.

디자이너로서 학습자

특히 다중 리터러시는 의미 구성(sense making)의 맥락에서 리터러시 주체가 디자이너(designer)로서 하는 역할에 주목한다. 기호나 텍스트는 의미를 가지고 있지 않다. 그렇다고 개인의 능력으로 텍스트에 의미를 불어넣는 것도 아니다. 의미는 상황 맥락적이고 다양한 연결성에 의해 감각적이고 역동적으로 통합되고 구성되는 것이다. 이는 로젠블렛(Rosenblatt, 1969)의 교류(transaction) 개념에서 이해할 수 있다. 교류로서 디자인은 리터러시 주체가 자신과 텍스트를 둘러싼 모든 맥락의 중심에서 의미를 구성하기 위한 요소를 선택하는 과정이다. 기호나 도구, 텍스트는 의미 구성을 위해 선택되는 것일 뿐이다. 따라서 학습은 학습자를 중심으로 선택된 기호적 텍스트와 목적, 과정, 맥락이 상호 교류적으로 디자인되어 의미를 구성하고 지식을 생성하는 과정으로 이해할 수 있다.

이러한 의미 구성 학습에서 디자인은 생각하는 방법, 인식론, 인지적이고 정서적인 영역에서 세계와 관계 맺는 구체적 방법론이다. 이때 학습자는 디자이너로서 의미 구성 주체의 역할을 수행한다. 과거 리터러시 개념에서 학습자를 참여자(participant)로서 상정했다면, 디자이너로서 학습자는 다양한 연결성을 바탕으로 능동적이고 관여적인(engagement) 리터러시 주체를 지향한다. 이는 학습자의 창의적이고 변혁적인 역량에 대한 상소라고 할 수 있다.

의미를 만드는 것은 생성하는 과정으로 역동적이고 경험적인 성격을 갖는다. 텍스트에 의해 선형적으로 발견하는 고정적인 뜻을 넘어, 특정 시공간에서 개인을 둘러싼 관계에서 의미를 구성하는 과정과 경험에 초점을 둔다. 리터러시가 삶의 전반에 걸쳐 행해지는 것임을 주지할 때 현대인들은 매 순간 복합 양식 텍스트의 다양한 영역들 사이에서 감각적으로 의미를 구성하고 다양하게 연결하여 기호적 변형을 일으키고 재구성한다.

다양성과 역동성을 기반으로 하는 오늘날 리터러시 환경에서 다중성은 생성과 변화를 내포하고 있다. 다양한 맥락 안에서 개인의 내재적 요소, 기호로서 텍스트, 다양한 활동이 연결되어 새로운 의미와 지식이 형성되고 체화되어 행동하게 되는 것이며 그 안에서 디자인은 다중적 의미를 실현하는 학습 방법이다.

참고문헌

이수원(2017). 다문식성(multiliteracies)의 유아교육 적용방안을 위한 기초연구. ≪유아교육연구≫, 35(6), 117-133

Janks, H.(2009). *Literacy and power*. Taylor & Francis. 장은영 외 옮김(2019). 『리터러시와 권력』. 사회평론아카데미.

Kalantzis, M., & Cope, B.(2016). *Learning By Design*. Common Ground.

Rosenblatt, L. M.(1969). Towards a transactional theory of reading. *Journal of Reading Behavior*, 1(1), 31-49.

The New London Group(1996). A pedagogy of multiliteracies: Designing social futures. *Harvard Educational Review*, 66(1), 60–92.

06

리터러시 학습 디자인

디자인에 의한 학습은 학습자의 정체성을 토대로 지식과 경험을 연결하고 개념화하고, 분석하여 적용하도록 하는 교수학습 방법이다. 고정된 활동 순서보다 다양한 연결 가능성을 시사하는 메타적인 교수학습 과정이다.

디자인 기반 리터러시 학습은 학습자의 정체성을 중심으로 능동적인 의미 구성과 탐구를 강조하며, 창의적으로 문제를 해결하고 복잡한 세상을 이해하는 역량을 배양하고자 한다.

디자인에 의한 학습

디자인에 의한 학습은 다양한 맥락을 고려하고 교육의 각 요소를 학습자 중심으로 배치한다. 수업의 과정, 목표 등이 학습자의 사회문화적 맥락, 사전 지식, 요구 등을 고려할 수 있도록 하는 것이다. 일종의 학습자 중심의 맞춤형 학습을 지향하는 교수학습 방법이다.

뉴런던 그룹(The New London Group, 1996)은 새로운 리터러시 교수학습 방법에서 교육과정으로 '상황적 실천(situate practice)', '명시적 설명(overt instruction)', '비판적 틀(critical framing)', '변형된 실천(transformed practice)'을 제안했는데, 이에 기반한 디자인에 의한 학습에서는 '경험(experiencing)', '개념화(conceptualizing)', '분석(analyzing)', '적용(applying)'의 지식 구성 과정을 제시했다(Kalantzis & Cope, 2016). 학습자가 알고 있는 경험에서 시작하여 새로운 경험을 연결하는 과정, 명명하면서 이론으로 개념화하여 기능적이고 추론적 분석 과정을 거쳐 실제적으로 적절하고 창의적인 적용을 실행하는 과정적 접근이다.

디자인에 의한 학습의 주요 요소인 경험, 개념화, 분석, 적용은 각각 두 층위의 세부 요소로 나뉜다. '경험'은 알고 있는 것과 새로운 것으로, '개념화'는 명명하여 개념화하는 것과 이론으로 개념화하는 것으로 나뉜다. '분석'은 기능적 분석과 비판적 분석으로, '적용'은 적절한 것과 창의적인 것으로 나눌 수 있다. 이러한 구성 요소들은 디자인에 의해 모듈화되어 다양한 방식으로 조합될 수 있다. 하지만 활동을 설계할 때에는 구성 요소 내의 층위 간의 이동보다 서로 다른 요소를 넘나드는 전환적 활동에 더 큰 의의를 두어야 한다(The New London Group, 1996, Kalantzis & Cope, 2016).

각 요소에 대한 세부 내용을 살펴보면 다음과 같다.

첫째, '경험'은 개인의 경험, 구체적인 참여, 증거, 사실 및 데이터 등 현실적이고 일상적인 세계를 기반으로 하는 학습이다. 따라서 경험은 '알고 있는 경험'과 '새로운 경험'으로 나뉜다. '알고 있는 경험'은 학습자의 삶을 학습으로 끌어들이는 과정이다. 삶의 맥락에서 경험, 행동 및 주관적인 관심 등에 기반하여 학습의 맥락에서 의미를 구성한다. 교육 장면 밖의 경험과 학습 맥락을 조합하는 것이라고 할 수 있다. 반면 '새로운 경험'은 학습자에게 익숙하지 않은 실제(장소, 공동체, 상황 등) 및 가상(텍스트, 이미지, 데이터 등)의 경험을 학습자의 관점으로 정의하는 것이다. 예를 들어 새로운 정보나 상황에 몰입하고 관찰하고 기록하는 것 등이다. 새로운 것을 이해하기 위해서는 익숙한 경험을 통해 새로운 경험을 연결할 수 있어야 한다. 따라서 근접 발달 영역에서 활동이 구성될 수 있도록 학습자를 살피는 것이 중요하다.

둘째, '개념화'는 학습자가 모호한 것에 대한 의미를 구성하는 활동이다. '명명에 의한 개념화'는 특정 이름을 붙이고 분류하여 개념을 파악하는 활동이다. 비교 및 대조로 구분하고, 명명하여 분류함으로써 영역적 지식을 설명할 수 있다. 학습자는 추상적이고 일반화되는 용어로 명명하는데 이는 교수자나 교과서에 의해 주어지는 것이 아니라 스스로 암묵적인 것을 명시하고 일반화하는 과정이다. 따라서 학습자가 주도적이고 적극적으로 개념을 창출할 수 있도록 해야 한다. 이에 반해 '이론으로 개념화'는 언어적 개념을 넘어 학문 분야의 기본 담론과 통합하는 의미적 관계를 형성하는 과정이다. 학습자가 명명한 개념을 엮어 가면서 그래픽 조직자와 같은 상징적이고 도식적인 형태로 표현할 수 있다.

'분석'은 원인과 결과, 구조와 기능, 각 요소 등을 탐색하는 과정으로 설명과 논증, 추론이 필수적이다. '기능적 분석'은 지식, 행동, 대상, 표현된 의미 조각 들이 무엇을 하는가, 어떻게 하는가, 그 구조는 어떠한가, 그 결과는 무엇인가 등을 파악하는 과정이다. 객관적이며 정보를 파악하고 제공하는 차원이다. 그러나 '비판적 분석'은 인간의 의도와 관심사를 탐색하는 것이다. 누구의 관점인가, 누구에게 영향을 미치는가, 사회적 또는 환경적 결과는 무엇인가 등 자신과 다른 사람의 경험, 관점, 동기에 대한 비판적 평가를 수행한다. 비판적 분석은 기능적 분석에 비해 주관적이고, 인간의 주체, 관심, 의도에 주목하는 논증적인 추론 과정이다.

마지막으로 '적용'은 학습자가 세상에 경험적, 개념적, 비판적 지식을 적용하고 활용하도록 배우는 과정이다. 지식을 삶의 맥락에 적용하여 실제적으로 작용할 수 있도록 한다. '적절한 적용'은 일반적인 방식 또는 규칙에 따른 것으로 예측 가능한 적용 방법이다. 지식과 이해를 복잡한 삶의 맥락에 대입하여 유효성을 확인하는 등의 활동인데 학습자에게는 새로운 경험일 수 있지만 일반적이다. 그러나 '창의적 적용'은 익숙한 맥락의 의미를 아주 다른 상황이나 설정에 대입하고 작동하게 하는 것이다. 이는 대표적인 변형으로 새로운 의미와 상황을 생성하게 할 수 있다.

디자인에 의한 학습에서 지식 구성 과정과 각 요소는 다양한 교수학습 방법이 연결될 수 있는 이론적 토대를 제공한다. 단지 수업에서 활동 순서나 방법에 대한 것이 아니라 메타적인 교수학습으로서 다양한 연결의 가능성을 시사하는 것이다. 예를 들어 지식을 강조하는 전통적인 수업에서는 개념화를 강조하고 경험, 분석, 적용을 그 도구로 활용할 수 있으며, 응용 학습을 강조하는 수업에서는 경험과 적용을 강조할 수 있다. 수업의 목적이나 학습자, 텍스트 등의 다양한 맥락에 따라 가용 디자인, 디자인하기, 재디자인의 활동이 지식 구성 과정을 토대로 디자인될 수 있다.

리터러시 학습에서의 탐구

리터러시 학습은 의미 구성을 위한 기호 작용 과정으로서 탐구적이다. 탐구는 어떤 문제 상황을 해결하기 위해 자료를 수집하고 분석하여 합리적인 결론을 도출해 내는 과정이다. 여기서 문제 상황이란 구성 요소 간의 특징이나 관계가 명료하지 않은 불확정적인 상황을 말한다. 학습 과정에서 탐구한다는 것은 학습자가 이용할 수 있는 모든 자원과 지식을 활용하여 실험하고, 관찰하고, 생각하고, 조사하고, 의견을 교류하는 과정을 통해 문제 해결을 모색하는 것이다. 합리적 절차와 근거에 기초하여 결론을 내리는 과정을 포함한다(임병노, 2003; 김성욱, 2016). 리터러시 학습이 탐구적이라는 것은 문제 해결에 초점을 맞추는 것이며, 학습자의 살아 있는 경험을 기반으로 복합 양식 텍스트를 비롯한 다양한 것들에 대한 연결을 경험하고 그 복잡성을 이해시키고자 하는 것이다(Coiro et al., 2017; Bull & Antney, 2019).

탐구는 개인 및 맥락을 중심으로 중첩된 내용과 기호 체계를 관통하는 학습 방법이다. 탐구적 학습은 학습자 자신에게서 출발한다. 특정 기호 및 지식은 학습자를 중심으로 연결되고 통합되어 효과적인 의미로 구성된다. 따라서 탐구 기반 리터러시 학습에서 읽기와 쓰기는 읽기와 쓰기 자체를 위한 학습이 아니다. 사고를 위한 도구이자 세상에 자신이 존재하는 방식이다.

물론 리터러시 학습에서 기호적 텍스트와 읽기 기능, 특정 영역의 지식이 중요한 맥락일 수는 있다. 그러나 이러한 활동은 학습의 궁극적인 목적이 아니라, 그 목적을 달성하기 위한 수단으로 이해해야 한다. 기호 체계에 대한 지식 자체가 의미 구성에 직접 영향을 주는 것은 아니며, 읽기나 쓰기 활동이 의미 구성 차원에서 특권을 갖는 것도 아니다. 따라서 읽기나 쓰기만큼 대화, 토론, 관찰 등의 활동이 중요하게 구성되어야 한다.

앞서 어떤 하나의 의미 혹은 사건은 또 다른 의미 구성 및 리터러시 이벤트의 자원이 된다고 하였다. 리터러시 이벤트의 리좀적 성격으로 전술한 이 개념은 의미 탐구 학습에서 중요한 특성이 된다. 리터러시 이벤트 및 의미가 리좀적으로 확장해 나가는 것은 연결성의 맥락에서 또 다른 의미와 사건을 생성함을 의미한다. 즉 리좀적으로 형성한 다양한 의미와 리터러시 이벤트는 학습자에게 의미와 지식 네트워크로서 성장과 발전의 학습 과정이 될 수 있게 한다. 새로운 의미, 지식은 그 자체로 존재할 수 있지만 각각 서로 다른 연결성으로 네트워크를 형성하고 또다시 새로운 의미로 확장해 나갈 수 있기 때문이다.

이러한 맥락에서 리터러시 학습을 위한 탐구적 접근 방법은 첫째, 지식이나 내용을 전달하는 것보다 학습자에 초점을 두어야 한다. 둘째, 학습은 토론, 대화, 문제 해결 등과 같은 능동적이고 적극적인 활동으로 구성된다. 셋째, 학습자 스스로 자기 주도적이고 성찰적으로 학습을 발전시킬 수 있도록 한다. 넷째, 학습자가 능동적이고 주체적으로 의미를 구성하는 구성주의 관점에서 구성된다. 다섯째, 수업은 삶의 맥락에서 주제를 선정하고, 협력적이고 협동적인 문제 해결 과정으로 구성한다. 마지막으로 효과적인 의미 구성을 위해 다양한 도구와 기술을 활용할 수 있다.

즉, 리터러시 학습의 탐구적 접근은 학습자의 문제 해결과 삶의 맥락에서 능동적이고 협력적인 학습 태도와 학습 과정에서 성찰을 강조한다. 학습자와 밀접한 질문이나 그와 관련된 문제에서 출발하며, 질문은 이미 아는 것에서 시작하여 더 많은 가정을 검토하고 정보를 모으고, 새로운 해결책 및 관점, 가능성을 탐색하기 위한 가이드로 활용한다. 학습자의 삶과 관련 있는 문제를 학습 맥락에 적용하는 것은 학습자에게 호기심을 유발하고, 협력적인 태도 및 성취감을 느끼게 한다는 데에도 긍정적인 효과가 있다. 수업 장면에서 삶의 맥락을 탐구하는 경험으로 능동적인 리터러시 주체로서 실제적인 경험을 제공하는 것이다.

참고문헌

김성욱(2016). 모바일 탐구 학습을 위한 수업 설계 모형 개발 연구. 국내박사학위논문 서울대학교.

임병노(2003). 온라인 탐구환경에서의 학습경험: 효과적인 탐구학습 설계를 위한 시사. ≪교육공학연구≫, 19(3), 69-99.

Bull, G., & Anstey, M.(2019). *Elaborating multiliteracies through multimodal texts: Changing classroom practices and developing teacher pedagogies.* Routledge.

Coiro, J., Kiili, C. & Castek, J.(2017). Designing Pedagogies for Literacy and Learning through Personal Digital Inquiry In Frank, S., & Gee, E.(eds.), *Remixing Multiliteracies,* 119-133. Teachers College Press.

Kalantzis, M., & Cope, B.(2016). *Learning By Design.* Common Ground.

The New London Group(1996). A pedagogy of multiliteracies: Designing social futures. *Harvard Educational Review*, 66(1), 60–92.

07

다중 리터러시 학습의 탐구 과정

리터러시 학습은 기호나 기능 습득을 넘어서, 창의적 문제 해결과 지속적인 탐구 능력을 바탕으로 해야 한다. 다중 리터러시 학습은 협업을 통한 과제 해결, 다양한 상황에 대한 이해와 적용, 전략적 방법 사용이 유기적으로 연결된다. 이는 '가르침에 의한 교육'과 '실제 맥락에서의 교육'을 포괄하는 성찰적 교육이며, 상호연결성에 기반한 '실천을 통한 배움'을 전제한다.

탐구로서 리터러시 학습

탐구적 사고 과정으로 리터러시 학습은 특정 기호나 기술과 관련된 것이 아니라 문제를 해결하고 스스로 성장시키는 탐구 과정에 근거해야 한다(Harste, 2000). 탐구 과정은 학습자 주변에 있는 탐구를 촉발할 수 있는 문제, 기호, 질문 등에서 시작하여 협력적으로 운영된다. 의미 탐구 학습의 맥락에서 리터러시 학습의 과정은 먼저 조사할 문제 또는 주제를 선정하고, 이미 알고 있는 것이 무엇인지 밝힌 다음 관련 있는 정보를 찾고, 더 많은 의문을 제기할 수 있다. 이후 정보를 조직하고 평가하며, 문제에 답을 찾기 위해 연구하여, 새로운 지식을 창조하고 결과를 공유하는 활동으로 구성할 수 있다. 즉, 관련된 정보 및 다양한 것들을 모으고 초점에 맞게 변환하고 수정 통합을 거쳐 새로운 것으로 표현하는 활동이며 협력적 과정을 권장한다. 의미 탐구 학습의 과정은 성찰을 거쳐 적용, 재구성되는 것으로 사회적 행동으로 나아가는 경험이 될 수 있다.

의미 탐구 학습에서 가장 중요한 것은 학습자가 탐구에 몰입할 수 있도록 하는 것이다. 다양한 활동이 구성될 수 있지만 복잡한 활동을 바쁘게 수행하는 것보다 탐구라는 맥락적인 구성과 목적에 초점을 두어야 한다. 학습자들이 탐구에 몰입할 수 있도록 유연한 학습 과정이 적용될 필요가 있다.

궁극적으로 다중 리터러시 학습은 의미 탐구 학습에 기반하여 협업을 통한 과제 해결, 서로 다른 상황 맥락에 대한 이해, 적절한 적용, 다양한 양식의 전략적 사용 등이 조합되어 구성된다고 할 수 있다.

다중 리터러시 학습의 디자인

다중 리터러시 학습은 디자인에 의해 학습이 조합되고 연결되는 의미 탐구 학습으로 '가르침에 의한 교육(didactic pedagogy)'과 '실제 맥락에서의 교육(authentic pedagogy)'을 아우르는 '성찰적 교육(reflexive pedagogy)'임을 시사한다(Cope & Kalantzis, 2015). 사람들은 다양한 기호적 텍스트를 마주하며 나름의 방식으로 의미를 구성하여 사회문화적 지식을 형성하고 담론에 참여한다. 이 과정은 다양한 상호작용을 거치면서 좀 더 일관성 있고 논리 정연한 구조로서 자리하게 되는데, 사회적 상호작용 속에서 사람들은 자신이 생성한 의미를 평가하고 성찰하며 다듬어 나가는 것이다. 이러한 과정을 학습의 관점으로 적용하면 하나의 고정된 지식이나 완성된 능력으로서 학습이 아닌 의미 구성과 생성의 과정으로 연결하고 분석, 창작, 성찰, 행동으로 진행되는 과정으로서 학습을 말한다. 따라서 학습 과정에서는 실제적인 상황을 제공하고 학습자에게 사회적이고 담론적 과정을 경험하게 하며, 학습자가 논리적이고 일관성 있게 학습을 진행할 수 있도록 교수자의 중재가 적절히 제공되어야 한다.

다중 리터러시 학습은 학습자가 리터러시 실천의 맥락에서 디자인, 다양한 연결, 개념화, 비판적 분석, 새로운 정보 및 기호를 활용한 의미 구성 등을 경험하게 하여 자신과 타인의 정체성을 인식하고 차이를 발견할 수 있도록 한다. 이는 새로운 정체성을 만들어 나가는 과정으로 사회문화적 맥락에서 디자인의 주체인 개인 또는 공동체의 정체성에 기반하여 새로운 의미를 생성하게 하는 것이다. 이러한 과정은 언어적이고 상징적인 리터러시 실천이 융합되고 응집되면서 디자인되는 것으로, 전환적인 리터러시 경험을 통해 변화를 도모하는 것이라고 할 수 있다(조병영, 2020).

다중 리터러시 학습에서는 관련된 모든 것이 상호 연결된다는 관점 아래 실천을 통해 학습(배움)이 일어남을 전제한다(Coiro et al., 2017). 다중 리터러시 학습은 '문제 제기', '탐색 · 연결', '해석 · 통합', '분석 · 성찰', '표현 · 평가' 활동의 과정으로 구성될 수 있다. 이는 디자인 요소로서 마주하는 기호적 텍스트에 대한 '가용 디자인' 활동, 의미의 조합, 점검, 수정으로 '디자인하기', 적용, 제작, 공유, 배포되는 '재디자인' 활동의 흐름이다. 각 활동은 고정된 틀이 아니라 맥락과 텍스트, 개인의 내적 요소들이 연결되고 조합되어 창의적 실천을 생성하는 과정이며, 각 요소가 다양한 활동으로 조합될 수 있음을 의미한다.

다중 리터러시 학습의 탐구 과정

다중 리터러시 학습에 기반한 수업은 학습자의 실제적 맥락을 고려한 문제에서 출발한다. '문제 제기' 단계에서 설정하는 문제는 학습자가 해결해야 하는 본 수업의 목적이며, 탐구적 요소를 도출할 수 있는 토대다. 실제적 문제는 학습을 위한 거시적인 주제 안에서 도출되어야 한다. 여기서 주제(theme)는 포괄적이고 추상적이고 일반적인 개념이다. 토픽(topic)은 주제에 비해 비교적 협소한 개념으로 저학년은 '우리 가족'과 같은 토픽을 설정할 수는 있지만 되도록 거시적인 주제를 설정하는 것이 좋다. 주제를 선정할 때는 학습, 학생, 사회 차원에서 요구 및 흥미, 교수자의 관찰 및 관심, 학생의 수준을 고려한다. 하지만 주제 자체에서 탐구적 요소를 제안할 수 없으므로 실제적인 문제를 도출하는 것이 중요하다. 문제 및 문제 상황은 학습자의 학습 동기를 유발하고 구체적으로 접근할 수 있도록 설정한다.

둘째, '탐색 · 연결'은 문제 해결을 도모하기 위해 텍스트(정보 및 데이터)를 탐색하고 텍스트 간뿐만 아니라 학습자, 맥락을 구체적으로 연결하는 활동이다. 텍스트는 수업 목적에 따라 다양하게 선정할 수 있다. 기능적이고 전략적 읽기를 학습해야 하는 학습자는 읽기를 배우는 것(learn to read)이 리터러시 발달에 중요한 영향을 미치게 되므로, 교육과정과 관련된 도서를 선택하여 기호적 읽기 및 읽기 능력을 우선 배양하고 다양한 텍스트로 확장해 나가도록 한다. 이에 반해 고등 또는 성인 학습자를 대상으로 비판적 리터러시 또는 향유적 읽기 등 독서의 고차원적인 단계를 목적으로 하는 경우, 인쇄 텍스트를 비롯한 활용할 수 있는 텍스트의 범위가 다양하게 확장할 수 있다. 종이책을 포함하여 디지털 미디어의 모든 의미 구성 텍스트가 활용 가능하다.

수업 목적 외에도 대상에 따라 텍스트를 선정할 수도 있다. 예를 들어 유아에게는 동시, 동요, 사진, 로고, 마임, 동극, 그림책 등이 텍스트로 활용될 수 있다. 아울러 학습자가 텍스트를 직접 선정할 수도 있다. 다만 인터넷과 같은 오픈 텍스트를 선정하는 경우 그 텍스트가 적절한지 스스로 점검하고 평가하는 활동이 따라야 한다. 오픈 텍스트 활용을 위해서는 학습자가 텍스트의 중요성과 연관성, 신뢰성을 판단 할 수 있도록 명확한 기준을 제시해 주는 것이 필요하다.

'탐색 · 연결' 활동에서 무엇보다 중요한 것은 학습자가 가지고 있는 선행 지식과의 연결이다. 교사가 학습자의 수준과 맥락을 파악하지 못했을 경우 선행 지식이 학습해야 할 새로운 지식으로 자리할 수도 있다. 이는 의미 탐구 학습 이전에 새로운 지식을 습득하는 과정으로 수업 목적이 흐려질 수 있다. 이러한 점에서 다중 리터러시 학습에서는 학습자의 근접 발달영역 내에서 수업 설계가 중요하다. 학습자 발달 수준을 고려하여 조금 낮은 수준에서 접근하고 다양한 맥락을 탐구하는 경험으로 확장해 나갈 수 있기를 권장한다.

셋째 '해석 · 통합' 활동에서는 텍스트의 뜻을 발견하는 것이 아니라 새로운 해석 및 통합으로 의미를 구성할 수 있도록 한다. 수업 목적 및 텍스트에 따라 다양한 활동을 구성할 수 있는데, 예를 들어 기호적 읽기를 위한 수업에서는 읽기 전략을 학습하기 위한 활동을 구성할 수 있으며, 미디어 특성을 고려하여 텍스트를 활용할 경우 미디어의 기호적 측면을 탐색하고 비판적 읽기를 통해 의미를 구성하도록 수업을 운영할 수 있다. 이 과정에서는 특정 지식에 대한 명시적 가르침 및 개념화가 맥락적으로 제공될 수 있다. 그러나 주지해야 할 점은 다중 리터러시 학습은 새로운 지식에 대한 전이나 습득이 주목적이 아니라 앞서 설정한 주제와 관련된 문제 해결 과정에 초점을 두어야 한다는 것이다. 아울러 상호작용 속에서 서로의 의미 구성 과정이 공유되어 스스로 성찰과 평가할 수 있도록 기회를 제공하는 것도 주지해야 한다.

넷째 '분석 · 성찰' 과정은 대안의 가능성, 가치 판단, 추론 등에 대해 토의 · 토론하며, 협력적으로 탐구하고 새로운 의미로 확장하는 단계다. 따라서 효과적인 비판적 사고와 의미의 확장 활동을 위해 구성원 간의 활발한 의사소통을 기반으로 한다. 학습자들은 서로 의견을 나누며 자신의 의견을 점검하고 수정할 수 있다. 교수자는 의사소통 촉진자로서 역할을 견지하고 학습자들이 다양한 맥락에서 의견을 공유하고 나아갈 수 있도록 한다.

마지막 '표현 · 평가' 활동은 초기에 설정했던 탐구 문제 및 질문에 대한 정보를 조직적으로 구성함으로써 학습이 일어나도록 하는 과정이다. 이 과정은 수업의 전체 과정이 실천적 리터러시 이벤트로 자리할 수 있게 한다. 다양한 산물을 제작하고 공유하며 평가를 진행할 때는 결과물에 대한 학습자 스스로 또는 학습자 간, 교수자의 평가가 포함될 수 있다. 교수자는 비판성, 창의성, 응집성에 기반하여 평가 기준을 제시하도록 한다. 비판성과 창의성은 융복합적 디자인을 설명하는 핵심 기제이자 효용이며 동시에 지식, 도구, 미디어가 일관된 주제(메시지)를 중심으로 결속될 때 완결성을 갖기 때문이다(조병영, 2020).

이러한 평가 기준은 수업 맥락에서 성취 기준과는 다른 것으로 학습자가 평가 기준을 내면화하고 실제 자신의 맥락에 적용할 수 있도록 하는 것이 궁극적인 목적이다. 따라서 수업 상황과 맥락을 고려하여 대상과 목적, 상황에 맞게 적절히 선택하고 조정하여 평가 기준을 제시하도록 한다. 아울러 평가는 수업 과정 전체의 검토 활동을 포함한다. 검토 활동은 새로운 주제 및 문제를 도출하는 근거로서, 다음 수업을 시작하는 문제이자 자원으로 활용될 수 있다는 점에서 수업 간의 유기성을 제공할 수 있다.

참고문헌

조병영(2020). 뉴리터러시와 전환적 의미 디자인 -융복합 분식 환경 속 국어교육의 실천 방향 탐색. 《국어교육》, 171, 31-70.

Coiro, J., Kiili, C. & Castek, J.(2017). Designing Pedagogies for Literacy and Learning through Personal Digital Inquiry. In Frank, S., & Gee, E.(eds.), *Remixing Multiliteracies*,

119–133. Teachers College Press.

Cope, B., & Kalantzis, M.(2015). The things you do to know: An introduction to the pedagogy of multiliteracies. In *A pedagogy of multiliteracies: learning by design*. 1–36. Palgrave Macmillan, London.

Harste, J. C.(2000). Six Points of Departure. In Berghoff, B., Egawa, K. A., Harste, J. C., & Hoonan, B. T. *Beyond Reading and Writing: Inquiry, Curriculum, and Multiple Ways of Knowing*. 16–30. Whole Language Umbrella Series.

08

다중 리터러시 기반 독서 수업

독서 수업은 학습자가 다양한 맥락 속에서 여러 자원과 기호를 활용해 의미를 구성하고, 독서에 대한 관심과 흥미를 지속적으로 느끼며 독서를 습관화하는 태도를 형성하는 데 목적이 있다. 다중 리터러시에 기반을 둔 독서 수업은 다양한 텍스트를 활용하여 학습자의 인지적, 정서적 측면과 구체적인 실천 활동을 연결하고 통합하는 맥락적인 탐구 수업이다.

독서 수업에서의 다중 리터러시

다중 리터러시 학습은 리터러시 주체의 다중성, 텍스트의 다중성, 실천을 위한 다양한 목적과 과정 등 활동의 다중성이 다양한 맥락과 복잡다단하게 연결되어 의미를 구성하고 실천으로 나아가는 것이다. 이러한 맥락에서 다중 리터러시에 기반한 독서 수업은 리터러시 주체로서 학습자, 텍스트, 활동과 맥락이 복잡다단하게 얽히어 의미를 구성하고 리터러시 역량을 함양하는 수업이라고 할 수 있다.

독서 연구에서 학습자, 텍스트, 활동, 맥락은 독서와 관련된 요소로 자주 언급되어 왔다. 읽기 이해 차원에서 독자와 텍스트, 읽기 목적 등 각 요소가 사회문화적 맥락에서 교류적이며 상호 연결된다는 것은 이미 많은 연구에서 밝혀 왔다. 독서의 개념이 점점 더 복잡해져 가는 오늘날의 독서는 학습자, 텍스트, 활동이 맥락 안에서 더욱 복잡다단하게 구성되며, 기술과 미디어의 발전은 이 구성 요소를 더욱 다중적으로 만들고 있다(Coiro, 2021).

이러한 견지에서 오늘날 좋은 독서 수업이란 의미 구성이라는 리터러시의 맥락에서 다양한 미디어와 기호들을 활용하여 학습자가 의미 구성 역량을 함양할 수 있도록 하는 것이다(정옥년, 2022). 다중 리터러시 학습은 텍스트에 참여하는 수준을 넘어 독자를 둘러싼 다양한 요소들을 능동적이고 주체적으로 통합하여 의미를 구성하고 실천으로 나아갈 수 있도록 한다. 다양한 기호적 텍스트, 다양한 사회문화적 맥락, 디자이너로서 리터러시 주체 등이 적극적인 활동으로 연결되어 학습이 이루어지는 것이다. 이는 수업과 세상을 연결하며 새로운 기술과 관심 있는 주제에 대한 학습 기회를 제공하는 데 초점을 두는 '연결된 학습(connected learning)'의 맥락이다(Serafini & Gee, 2017).

'연결된 학습'은 학습자들의 개인적 관심, 사회적 맥락, 기회가 연결되는 실천적 학습이다. 학습자들은 자신의 관심 주제와 전문지식이 어떻게 연결되는지, 어떻게 담론 공동체로 자리하게 되는지, 어떻게 의미를 만들고 찾아내는지 등에 대한 일련의 디자인 활동으로 학습을 구성한다. 공동체, 흥미, 학습과 같은 특정 맥락과 생산, 공유, 연결 등의 속성, 그리고 자기표현, 참여, 학습 경험, 사회적 맥락 확장, 다양성 인식 등을 다양하게 연결하는 기회와 경험을 제공하는 것이다. 연결된 학습에서는 학습자의 다양한 관심과 배경을 고려하여 접근성을 확대하는 것이 중요하다. 온라인이나 오프라인 환경에 국한하지 않고 타인과의 관계 형성을 통해 학습을 전개하도록 할 수 있다(정현선, 2021).

다중 리터러시 학습 기반 독서 수업은 독서의 지식, 기능, 전략의 인지적 과정과 흥미 동기 등의 정서적 측면, 실천적 활동성을 충실하게 구현하고자 하는 학습자 중심의 활동형 독서 수업이라고 할 수 있다. 다중리터러시 학습 기반 독서 수업은 다양한 구성 요소들이 유기적으로 연결되어 학습이 이루어진다. 이에 따라 각 요소의 역할과 수업 설계에서 고려해야 할 사항들을 살펴보겠다.

학습자

학습자는 인지 능력, 관심, 성향, 독서 동기, 경험, 사회문화적 정체성 등을 비롯한 다중성을 가지고 있다. 학습자의 다양한 요소들은 같은 텍스트를 마주하고도 학습자마다 완전히 다른 의미와 활동을 구성할 수 있게 한다. 즉 학습자를 둘러싼 맥락과 상황은 차이를 만드는 요인이 된다. 따라서 학습자의 다양한 맥락이 의미 구성 및 실천을 구성하는 데 다양한 변수로 작용할 수 있다.

학습자의 인지적 능력은 수업 수준을 설정하는 중요한 요소가 되며, 성향, 흥미, 동기 등과 같은 정서는 학습을 지속하는 힘과 밀접한 관련이 있다. 또한 학습자의 정체성은 텍스트와 삶의 문제, 경험을 연결하는 구심점으로 다양한 상황 맥락에서 학습자의 변수를 구성하거나 상호작용을 만드는 중요한 기반이 될 수 있다. 학습자가 생성한 의미는 학습자 스스로 처한 맥락 속에서 성찰과 상호작용으로 구성되고 재구성된다. 한편 학습자는 의미 구성 과정을 경험하면서 감각적 인식과 새로운 기호에 대한 수용성을 배양할 수 있다. 기호에 대한 수용성은 낯설지만 낯설지 않은 영역, 즉 근접 발달 영역 내에서 다양한 기호 작용에 대한 경험 기회를 통해 기를 수 있다. 근접 발달 영역은 학습자의 다양한 자원과 경험을 존중하고 이를 바탕으로 학습을 이끌어 내고자 하는 개념이다. 따라서 수업을 운영하기 위해 학습자의 사회문화적 맥락, 인지적 수준, 흥미, 동기 등의 프로파일을 파악하는 것이 필요하며, 이는 학습자 맞춤형 수업이 가능하게 한다.

텍스트

텍스트는 기호들의 복합체 또는 기호 자체다. 따라서 의미 구성 학습에서 기호 작용의 기제가 된다. 텍스트는 다양한 양식의 도상적인 기호로서 학습자와 마주하지만, 학습자가 특정 리터러시 이벤트로 해석할 때 의미로 존재하는 것이다.

오늘날 상상을 초월하는 속도와 빈도로 마주하는 여러 기호(다양한 양식의 텍스트, 지식 등)는 점점 더 입체적이고 다층적인 구조로 기호 작용을 촉발한다. 학습자는 서로 다른 기호 체계들이 역동적이고 유연한 관계 속에서 통합되는 가운데 텍스트의 심층적인 의미 구조뿐만 아니라 표층에 구현된 의미 구조까지도 읽어 내고 구성해야 한다. 문자를 넘어서는 텍스트의 다중적인 요소들은 대화형, 선형, 비선형의 형태로 의미를 생성하고 실천하기 위해 서로 참조하고 차용한다. 이러한 복잡다단한 텍스트 구조는 텍스트의 복잡한 양상을 넘어 텍스트 간의 상호적인 속성까지도 고려해야 하기에 이르렀다(Anstey & Bull, 2018). 텍스트의 중층적인 짜임은 다양한 정보를 제공하고 맥락에 따라 더 복잡한 형태의 반응과 해석을 가능하게 하기 때문이다.

따라서 수업에서는 다양한 기호적 텍스트에 대한 통합적 읽기 활동이 지향되어야 한다. 종이책을 비롯한 다양한 양상의 기호적 텍스트 읽기에 대한 기회와 경험이 제공되어야 한다. 인쇄 텍스트를 통해 문자 기반의 기초적인 읽기 능력을 신장하고 감각적인 읽기와 의미 구성을 경험하게 한다. 인쇄 텍스트는 멘토 텍스트의 역할로 전체 수업을 아우르는 주제 텍스트가 될 수 있다. 또한 다양한 텍스트 풀(pool)을 제공하여 학습자가 제한된 범위에서 자신에게 필요한 텍스트를 선택하고 적용하는 경험을 제공할 수 있다. 관련된 주제 및 문제 안에서 다양한 방식으로 읽고 의미를 구성할 수 있는 텍스트에 대한 충분한 경험은 오픈 텍스트 및 관련 정보를 탐색하는 과정에서 통합적 읽기에 대한 연습이 된다. 궁극적으로 주제 및 목적(과제)에 맞는 다양한 텍스트를 학습자가 직접 탐색하고 선택, 활용하도록 하고자 하며 능동적이고 주체적인 탐구과정을 도모하는 과정적 접근이다.

이러한 맥락에서 텍스트의 수준별 제시는 인쇄 텍스트, 사전 선정된 복합양식 텍스트, 온라인 오픈 텍스트로 나아간다. 그러나 이 과정은 고정된 순서나 세트는 아니며 다중 리터러시 학습 기반 독서 수업의 목적과 대상에 따라 자유롭게 구성할 수 있다. 가령 기능적 차원의 읽기를 학습해야 하는(learn to read) 단계 학습자의 경우에는 인쇄 텍스트 및 복합양식 텍스트 개수를 제한하여 충분한 경험을 제공하고, 즐거움을 목적으로 하는 성인 독서 동아리에서는 다양한 양식의 텍스트를 복합적으로 활용할 수 있는 것이다.

활동

다중 리터러시 학습 기반 독서 수업에서 활동은 수업의 목적에 따라 과정적으로 구성된다. 본 수업의 구성 원리에 따라 '탐색 · 연결'–'해석 · 통합'–'분석 · 성찰'–'표현 ·

평가'의 의미 탐구 학습 과정이 수업 활동의 토대가 된다. 세부적으로 수업의 목적과 대상, 텍스트에 따라 다양한 활동이 구성될 수 있다.

활동은 다양한 기호적 텍스트와 경험을 연결하고 해석하고 통합하며, 목적에 따라 분석하고 점검하는 성찰 활동과 표현 · 평가 활동으로 이어지는 탐구과정이다. 목적에 걸맞게 특정 문제를 해결하는 방식으로 적용된다. 텍스트의 다중성, 활동 환경의 다중성 등이 수업 활동을 다양하고 복잡하게 만들 수 있지만 궁극적으로 활동의 다양성보다는 학습자가 의미 구성을 위해 탐구에 몰입할 수 있도록 하는 데 목적이 있다. 따라서 교수자는 학습자가 탐구과정에 몰입하고 탐구적 사고를 촉발할 수 있도록 적절한 중재적 역할이 필요하다. 수업 초기에는 교수자는 모델링과 명시적 설명을 통해 탐구과정을 안내하고 점차 학습자 스스로 아이디어와 실천을 연결하는 탐구 활동을 수행할 수 있도록 한다(Bull & Anstey, 2019).

또한 활동에서는 공동체 활동과 수업 간의 연결 맥락도 중요하다. 리터러시는 개인적일지라도 다양한 공동체의 가치와 생각에 영향을 받는바, 타자 간의 가치와 생각을 나누고 협력적 의사 결정을 할 수 있는 공동체 활동을 포함하도록 한다. 수업에서 도출한 문제나 주제는 다음 수업의 자원으로 활용될 수 있는데, 이는 수업이 하나의 리터러시 이벤트로 존재하며 리좀적 속성으로 확장해 가는 다중 리터러시 성격에 기반한다. 학습이 삶의 맥락에서 다양한 상황 안에서 계속 일어난다는 관점이다.

맥락

다중 리터러시 학습 기반 독서 수업에서 맥락은 크게 학습자의 사회문화적 맥락, 수업 환경과 관련된 맥락으로 나눈다. 첫째, 학습자와 관련된 사회문화적 맥락은 학습자가 속해 있는 공동체, 텍스트 출처, 저자 등 학습자와 텍스트 안에 들어 있다. 둘째, 수업 환경과 관련된 맥락은 수업에서 제기되는 문제 혹은 주제, 독서 수업 기관, 대면 혹은 비대면의 수업 환경, 수업 활용 미디어 등 수업 운영과 관련된 맥락이다. 수업 과정에서 텍스트와 학습자를 둘러싼 내적이고 외적인 여러 영향력인 것이다.

텍스트-학습자-맥락의 연결은 하나의 상황이며, 기호적 텍스트는 실천의 맥락에서 구체화되고 의미를 가진다. 텍스트와 학습자의 상호 교류는 맥락 안에서 이루어지는 것이다. 따라서 학습자와 텍스트의 상호작용, 소통 방식에 초점을 맞추고, 의미 구성과 생성, 실천적 과정을 위한 맥락을 고려하도록 한다.

참고문헌

정옥년(2022). 독서 사회의 변화와 독서 교육의 대응. ≪한국독서학회 봄학술대회 자료집≫.

정현선(2021). '읽고 만들고 공유하다' – 어린이를 위한 디지털 리터러시 프로그램 개발 연구. ≪국어교육학연구≫, 56(4), 373-412.

Anstey, M., & Bull, G.(2018). *Foundations of multiliteracies: Reading, writing and talking in the 21st century*. Routledge.

Bull, G., & Anstey, M.(2019). *Elaborating multiliteracies through multimodal texts: Changing classroom practices and developing teacher pedagogies*. Routledge.

Coiro, J.(2021). Toward a multifaceted heuristic of digital reading to inform assessment, research, practice, and policy. *Reading Research Quarterly*, 56(1), 9-31.

Serafini, F., & Gee, E.(2017). Introduction. In Serafini, F., & Gee, E(eds.). *Remixing Multiliteracies*. 1-16. Teachers College Press.

09

맞춤형 리터러시 학습

맞춤형 학습에서는 학습자가 주체가 되어 자신의 학습 과정을 디자인하는 과정이 중요하다. 학습자의 정체성과 주도성을 중심으로 하는 맞춤형 리터러시 학습은 다중 리터러시 학습 원리를 구현하는 것으로서, 다양한 정체성을 가진 리터러시 주체, 글로벌한 리터러시 공간, 다양한 리터러시 실천이 역동적이고 다중적으로 얽혀 있는 교육 방법이다.

맞춤형 교육과 리터러시 격차

맞춤형 교육은 학습자의 차이를 고려하여 유의미한 학습이 이루어질 수 있도록 하는 교육적 처치다(한국교육개발원, 2023). 교육을 교수와 학습을 포괄하는 것이라고 할 때 그동안의 맞춤형 교육은 수준별, 차별화, 맞춤형, 개인별 교육 등이 혼용되어 왔고, 그 개념이 명확하게 구별되지 못했다(이대식, 2016).

초기의 맞춤형 교육은 학습자의 수준, 배경지식, 흥미, 요구 및 학습 스타일 등의 학습자 특성을 고려하고 차별화된 처치를 제공하는 반응적인 수업으로 이해되었다. 교사가 학습자의 요구에 따라 수업 활동을 위한 교실 내 그룹을 유연하게 구성하고 맞춤형 과제를 제공하고 수업의 내용(content), 과정(process), 결과(produce)를 차별화하여 적용하고 지속적인 평가와 조정을 처치하는 것이었다(Tomlinson & Allan, 2000). 그러나 교육 주체를 학습자에 두는 학습자 주도성이 강조되면서 맞춤형 교육은 교사가 처치를 제공하는 것에서 학습자가 학습을 디자인하는 학습자 맞춤형 학습(Personalized Learning)의 개념으로 전개되었다. 학습자 학습 목표, 교육적 접근 방식, 교육 내용, 순서 모두 학습자가 디자인하는 것을 지향하는 것이다. 학습을 설계하고 의사 결정하는 주체가 학습자로 상정되어 학습자는 본인의 흥미와 필요에 맞게 학습 과정을 개발, 실행, 평가할 수 있다. 주도적인 학습자로서 과정적인 접근이자 평생 학습자 역량을 키우는 것을 목표로 하며, 배움으로서 학습에 근간을 두고 학습자의 주도성(student agency)을 강조하며 학습자와 교사의 새로운 관계 설정을 상정하는 교육 방법이라고 할 수 있다.

학습자 맞춤형 학습은 다양한 '학습자의 프로파일', 사회 구성원으로서 역량 함양을 위한 '역량 기반 교육', 학습자 주도성을 기반으로 하는 '맞춤형 학습 경로'를 핵심 요소로 삼는다. 학습자를 참여자(participant) 이상의 능동적이고 관여적인(engagement) 주체로 확장하는 학습자 주도성에 초점을 두고 이를 개발하는 과정을 포함한다. 아울러 지식과 기술의 습득, 실천을 아우르며 변화하는 사회적 요구에 부응할 수 있는 개인 역량을 강화하는 학습이다(기혜선, 2024).

한편, 리터러시 교육의 궁극적인 목적은 사회문화적 맥락에서 발생하는 학습 격차를 해소하는 것이라고 할 때, 사회문화적 맥락에서의 학습 격차는 교실 상황에서 지식·정보 구성 능력의 차이를 넘어 학습자의 삶의 영역에서 실천적인 역량을 포함한다(Serafini & Gee, 2016). 즉 리터러시 격차는 삶의 질의 격차를 유발할 수 있다. 학습 상황에서 필요한 지식과 정보를 구성하는 능력뿐만 아니라 학습에 대한 흥미와 동기를 떨어뜨리는 요인이 될 수 있다는 점도 주목해야 한다.

리터러시 격차는 개인의 인지적, 정의적, 정서적 요인 외에도 가정의 사회 경제적 지위, 리터러시 활동 노출 정도 등 학습자의 다양한 요인에 의해 발생할 수 있다(Loughlin & Alexander, 2016; 박영민, 2022). 학습자의 인지(지능), 기질(성격), 동기 및 의지 등의 속성이 다양한 상황 맥락과 함께 격차를 심화하거나 완화 시킬 수 있다는 것이다. 학습자의 기초적이고 유전적인 특성, 학습을 유발하는 특성, 그리고 이 두 가지 특성을 둘러싼 환경적 특성 등 복잡다단한 원인에 의해 리터러시 격차는 생겨날 수 있다.

리터러시 역량이 궁극적으로 삶의 질에 차이를 만들어 낸다면 리터러시 학습의 목적은 우수한 학습자를 양성하는 것보다 많은 학습자가 사회 구성원으로 살아가도록 하는 데 둘 필요가 있다. 그렇다면 리터러시 학습은 삶을 영위하기 위한 지식과 기능, 사고, 문제 해결 차원에서 학습자별 개인차를 인식하고 개별 성장을 도모해야 하는 것이다(박영민, 2022). 따라서 리터러시 학습에서 맞춤형 학습의 필요성은 개인의 더 좋은 삶(well-being)을 위한 교육적 목적에 있다. 이는 개별 학습자의 다양한 리터러시 차이를 고려하고 학습자 주도성 계발을 위한 적용과 실천의 경험으로 제공되어야 하는 이유가 된다.

맞춤형 리터러시 학습

학습자 맞춤형 리터러시 학습(Personalized Literacies Learning)은 개별 학습자의 다양한 특성과 요구를 바탕으로 학습의 목적, 텍스트, 활동, 산출물, 학습 속도 등이 맞춤형으로 제시되는 리터러시 학습 방법이다. 학습자의 준비도, 흥미, 강점, 요구 등을 점검하여 맞춤형으로 목표를 설정하고 텍스트의 장르, 수준, 양식의 맞춤, 지식구축, 의미 생성, 실천 등 활동의 맞춤, 학습 산출물과 학습 속도의 맞춤이 다양한 연결성에서 구성된다. 학습자의 특성과 필요를 기초로 학습 과정을 설계한다는 점에서 학습자마다 학습 목표, 내용, 방법, 속도는 다를 수 있다. 학습자의 삶의 맥락에서 문제를 탐구해나가는 과정으로써 기호와 경험에 대한 맥락적 구성이 중요한 리터러시 학습에서 학습자의 주도성은 중요한 특징이자 개발해야 하는 요소가 된다(기혜선, 2024).

이는 다중 리터러시 학습 관점에서 다양한 정체성을 가진 리터러시 주체, 온·오프라인을 넘나들며 글로벌한 리터러시 공간, 다양한 리터러시 실천이 역동적인 상호작용

과정임을 주지시킨다. 리터러시의 다중적인 속성에 대한 이해는 학습자 맞춤형 리터러시 학습의 전제이며, 복잡하게 연결된 기호적 텍스트를 읽고 상황 맥락적으로 구성되는 의미와 새로운 기술에 유연하게 대응하는 능력에 대한 요구를 아는 것이다. 따라서 의미 구성 디자인, 기술의 전략적 활용, 비판적 문식성, 사회적 맥락에서 상호작용 등을 학습 장면에서 경험적으로 제공해야 한다. 다양한 기호적 텍스트에 대한 메타언어적 이해, 특정 표현과 정보에 대한 맥락적 의미 구성 및 비판적 분석, 새로운 정보에 대한 탐색과 활용에 대한 경험적 활동이 학습 내용이자 활동으로 구성될 수 있다.

궁극적으로 급변하는 지식 · 경험 · 기술에 유연하게 대처하고, 다양한 상황 맥락에서 주어지는 기호적 텍스트를 이해하고 의사소통할 수 있으며, 비판적 문식성(critical literacy)을 갖추고 있는 인재를 길러 내는 데 목적을 두는 것이다(Leu et al., 2004; Serafini & Gee, 2017; Bull & Anstey, 2019).

맞춤형 리터러시 학습의 원리

학습자 맞춤형 리터러시 학습은 학습자가 기존에 가지고 있던 지식, 경험, 가치, 흥미 등과 새로운 텍스트를 포함한

다양한 경험이 상황 맥락적으로 상호 연결되면서 일어나는 학습의 유의미성을 전제한다. 따라서 학습자의 인지 역량, 메타인지 역량, 동기 역량, 사회 · 정서 역량을 강화하고 학습 습관을 형성하여 성취에 도달하는 데 목적을 둔다(Murphy et al., 2016). 이는 전통적인 리터러시 학습이 텍스의 해독 및 이해에 초점 두던 것과 큰 차이가 있다.

학습자의 인지적 역량은 학습자의 능력, 수준으로 논의되는 부분이다. 인지적 역량은 학습자의 배경지식, 과거의 리터러시 학습 경험, 어휘 수준, 선호 장르 등을 바탕으로 새로운 주제, 텍스트, 지식 정보를 수용하는 경험을 통해 발달할 수 있다. 학습자가 가지고 있는 이전 학습 경험, 사전 지식, 흥미 등에 따라 서로 다른 학습 경로가 생성될 수 있다는 점을 주지하고 학습자 맞춤형 텍스트, 학습 경로(활동)를 통해 인지적 역량을 개발하고자 한다.

이와 더불어 학습에서 중요하게 다루어지는 메타인지 역량은 개인의 인식과 노력을 통해 발전시켜야 하는 것으로 수업에서는 학습자 스스로 자신의 학습 과정을 돌아보고 점검하는 활동을 포함할 수 있다. 학습자 스스로 '학습 목표 설정'-'학습 상황 점검' '피드백'의 학습 과정을 경험하게 하여 학습자 주도적인(learner-driven) 학습을 지향하는 것이다.

한편, 학습자가 학습을 시작하고 지속할 수 있는 기제로서 학습자의 학습 준비도에 영향을 미치는 동기 역량, 사회 · 정서 역량 강화에도 목적을 둔다. 가령 동기 역량에서 중요한 자기 효능감은 학습 과정에서 성취, 또래 및 교사의 인정으로 발현됨에 따라 학습의 활동 및 평가 과정에서 학습자가 재미와 성취를 얻을 수 있도록 적절한 중재와 피드백을 제공하는 것이다. 사회 · 정서 역량 강화를 위해서는 개인과 공동체 간의 활동이 강조되며, 개인과 공동체 간의 관계 및 정서적 교류는 매우 다면적이므로 또래 및 교사, 온라인 환경에서의 사회적 상호작용, 의사 결정을 위한 기술 활용, 전략 활용 경험 등을 구성하여 기회를 제공할 수 있다. 이상의 역량 요소는 학습이 수행되는 각 기관의 교육적 목적에 따라 융합되거나 구체화될 수 있다. 그러나 궁극적으로 학습자의 삶을 기반으로 문제 해결에 참여하고 실천하는 학습 과정으로서 학습자들이 지향하고 생각하며 실천할 수 있도록 하는 것이다.

이처럼 학습자 맞춤형 리터러시 학습은 학습자의 개별 특성을 담은 프로파일과 맞춤형 텍스트, 맞춤형 학습 경로가 유연한 학습 환경에서 중첩되어 구성되며 그 중심에는 주도적인 학습자가 위치하는 것으로 설명할 수 있다. 학습자 프로파일, 텍스트, 학습 경로를 구성하는 다중적인 요소들이 상호 교류적으로 연결되며, 학습자가 관여(engagement)적으로 의미를 구성하는 요소로 작용한다. 이는 학습자의 삶과 학습을 위한 맥락적이고 유기적인 학습 과정이다.

참고문헌

기혜선(2024). 학습자 맞춤형 문해력 학습(Personalized Literacies Learning) 설계를 위한 시론. ≪독서연구≫, 71, 255-281.

박영민(2022). 학생 문해 격차 해소를 위한 교육 방안, ≪국어교육연구≫, 78, 41-59.

이대식(2016). 맞춤형 교수(differentiated instruction)에서의 '맞추는 것'의 본질과 성격, ≪통합교육연구≫, 11(2), 187-216.

한국교육개발원(2023). AI 기반 맞춤형 교육의 현황과 과제(연구보고 RR 2023-12).

Bull, G., & Anstey, M.(2019). Elaborating multiliteracies through multimodal texts: *Changing classroom practices and developing teacher pedagogies.* Routledge

Leu, D. J., Kiili, C. & Forzani, E.(2016). Individual Differences in the New Literacies of Online Research and Comprehension. In P. Afflerbach. *Handbook of Individual Differences in Reading : Reader, Text, and Context.* 277-290. Routledge

Loughlin, S. M., & Alexander, P. A.(2016). Individual Differences Relations and Interrelations: Reconciling Issues of Definition, Dynamism, and Development. In Afflerbach, P. *Handbook of Individual Differences In Reading : Reader,*

Text, and Context. 377–393. Routledge.

Murphy, M., Redding, S., & Twyman, J.(Eds.)(2016). *Handbook on personalized learning for states, districts, and schools.* IAP.

Serafini, F., & Gee, E.(2017). Introduction. In Serafini, F., & Gee, E(eds.). *Remixing Multiliteracies.* 1–16. Teachers College Press.

Tomlinson, C. A., & Allan, S. D.(2000). *Leadership for differentiating schools & classrooms. Alexandria.* VA: Association for Supervision and Curriculum Development.

10

다중 리터러시 학습의 미래

인공지능이 많은 것을 대체할 수 있게 된 현대사회에서 학습자는 지식을 비판적으로 활용하고, 맥락적인 의미 구성, 협력과 연대, 협상을 통해 변화를 이끌어 가는 역량을 개발해야 한다. 각기 다른 다양성과 잠재력을 인정하고 능동적인 리터러시 주체로 살아가기 위해 전 생애에 걸쳐 자아 발달과 리터러시 학습이 필요하다.

미래 사회의 교육

유네스코(UNESCO, 2021)에서는 미래 사회를 위한 새로운 교육 원칙이 필요하다면서, 공동 작업과 연대를 통해 학습자가 지식을 얻고 생성하면서 동시에 비판하고 활용할 역량을 기를 수 있는 생태적이고 다문화적이고 다학제적인 학습에 중점을 두어야 한다고 했다.

경제협력개발기구(OECD)에서도 교육 2030 프로젝트를 통해 '모든 학생의 전인적인 인간으로 성장', '학생의 잠재력 최대 발현', '개인과 사회의 웰빙에 기초한 공동 미래 사회 구축'을 위한 교육을 강조했다(박현선, 2023). OECD 교육 2030 프로젝트의 결과 보고서에서 특히 주목할 부분은 '학습 나침반'이다. 보고서에서는 학습자가 나침반을 들고 동료, 교사, 공동체의 지원과 협력 속에 배움을 이루어 나가는 여정을 미래 교육의 패러다임으로 제시하면서 학습자의 행위 주도성(student agency)을 강조한다. 지식, 기술, 가치, 태도로 구성된 '역량'을 중심으로 리터러시와 같은 '핵심 기초(Core foundations)'와 나와 세계를 변화시키기 위한 '변혁적 역량(Transformative competencies)'이 차례로 둘러싸고 있으며, 가장 바깥은 '예측-행동-성찰'의 사이클이 위치한다. '예측-행동-성찰'의 사이클은 변혁적 역량을 개발하기 위한 학습 과정이다(서울특별시교육청, 2022).

미래 교육은 포스트 모던, 포스트 휴먼, 포스트 지식이라는 기조 아래 특별한 인재를 키우려 하기보다는 모두를 위한 교육으로 학습자 개별화, 맞춤화를 지향한다. 단편적인 지식과 기술의 습득보다 삶의 맥락에서 학습하고 적용하며 문제를 해결하고 가치를 창출하는 역량을 요구하며 개개인의 잠재적 역량에 주목한다. 이러한 맥락에서 미래 사회의 교육은 학습의 맥락에서 학습자를 중심으로 하는 '배움'으로서 학생들의 리터러시 역량과 탐구적 역량에 대한 가치가 더욱 강조된다고 할 수 있다.

미래 사회의 다중 리터러시

알다시피 디지털, 인공지능과 같은 첨단 기술은 현대사회의 복잡성과 연결되어 우리의 학습에도 큰 변화를 가져왔다. 넘쳐나는 정보와 지식은 기존의 고정된 내용 지식뿐만 아니라 삶의 맥락에서 새로운 아이디어와 문제 해결 요소들을 포함하며, 학습이 더 이상 내용 지식 이해와 습득으로 머무를 수 없다는 것을 의미한다. 삶에서의 문제를 발견하고 지식을 실제적이고 창의적으로 활용하는 역량에 대한 요구는 실제적인 학습의 가치가 높아지고 있음을 보여 준다. 이러한 흐름은 교육 현장에서도 다양한 분야의 지식을 융합하여 새로운 가치를 창출하도록 하는 교육 방법을 고민하게 했다. 융합 교육(STEAM 교육)이나 디자인 싱킹(Design Thinking) 등과 같은 변혁적 역량을 도모하는 혁신적인 교육 모델이 유행처럼 등장하고 사라지기를 반복하고 있다는 것이다.

리터러시 역시 그 개념이 확장되고 새로운 교육의 필요성이 제기되고 있다. 다양한 영역과 확장된 개념에서 다양한 교육이 논의되고 있지만, 일부에서는 여전히 텍스트 읽기, 기술의 습득과 같은 기능적 차원에서 수업 활동이 구성되고 기능을 활용하는 행위 및 활용 능력을 얻는 데 목적을 두는 경우가 많다. 읽고 쓰기에 대한 전통적인 가치와 독서(讀書), 문해력(文解力)이라는 용어의 가치와 한계에서 머무르고 있는 것이다. 그러나 앞서 살펴본 바와 같이 미래 사회에서 요구하는 교육은 뛰어난 인재를 길러 내는 것보다 사회 구성원으로서 모두의 전인적인 성장을 지향한다. 이는 개인의 서로 다른 가능성과 잠재력을 인정하고 모두가 리터러시 주체로서 살아갈 수 있도록 도모하는 것이다.

다중 리터러시 학습은 다양한 학습자의 정체성을 중심으로 수업의 목적, 텍스트, 환경에 따라 범용적으로 설계하고 운영하는 것에 대한 방법론이다. 삶의 맥락에서 다중적인 요소를 복합적으로 연결하고 리터러시 이벤트를 구성해 가는 데 다양한 기호에 대한 감각적인 의미 구성과 협력을 통해 실천으로 나아가는 경험을 제공하고자 한다. 이러한 맥락에서 다중 리터러시 학습은 학습자를 중심에 두고 학습자의 의미 구성 과정을 학습으로 이끌어 간다는 점에서 기능 중심의 리터러시 학습과 차이가 있다고 하겠다. 학습자의 의미 구성과 탐구적 몰입이 가장 중요한 수업 과정이며, 이를 위한 도구적 차원에서 다양한 텍스트가 제공되고, 기능을 습득하도록 해야 한다.

이처럼 개별 학습자의 다양한 특성과 역량에 주목한 '디지털 학습 환경'과 '맞춤형 교육'이 미래 교육의 새로운 패러다임으로 떠오르고 있다. 이는 미래 교육에서 강조하는 학습자 주도성과 변혁적인 역량 개발을 위한 과정적 관점이자 다양성과 연결성에 초점을 둔 실제적인 방법에 대한 모색이다.

다중 리터러시 기반 평생 학습

다중 리터러시 학습 개념을 바탕으로 학습자 맞춤형 리터러시 학습을 제안하는 것은 사회문화적 차원에서 제기되는 체계적인 리터러시 학습의 필요성에 대한 논의다. 리터러시가 사회 구성원이 삶을 영위하기 위한 지식, 기능, 사고 등의 기초 소양이라면 리터러시 교육은 평생 학습 차원에서 개별 학습자의 특성과 요구를 고려할 수 있어야 하기 때문이다. 개인이 자신의 다양한 맥락에서 끊임없이 연결되어 경험하고 성찰하며 배움이 일어난다. 다중 리터러시 학습 관점에서 학습은 자신의 경험과 맥락을 바탕으로 평생에 걸쳐 일어난다.

리터러시 환경과 실천은 전 생애 삶의 맥락과 관련된 것이다. 궁극적으로 다중 리터러시 학습은 비판적이고 창의적이며, 독립적이고 자율적인 평생 학습자를 길러 내고자 한다. 평생에 걸친 자아 형성, 전 생애에 걸친 평생 교육에 대한 시사점을 제공하며 다양한 연령 및 다양한 사회문화적 환경의 학습자를 고려하는 교육적 제안이다.

지금까지 제안한 다중 리터러시 학습으로서 독서 수업은 텍스트에 준하여 의미를 구성하는 독서의 개념을 독자, 맥락, 사회적 실천을 아우르는 개념으로 확장하고 개인을 둘러싼 세상과 텍스트 간의 교류적 경험을 제공한다. 변화하는 사회에서 오늘날 독서 교육은 리터러시 역량 함양을 목적으로 텍스트, 의사소통, 사회문화적 맥락, 실천을 포괄하는 차원에서 구성되어야 한다. 지식과 기능 전략을 포함하여 삶을 기반으로 하는 실천적인 수업으로 전 생애의 다양한 학습자를 고려한다. 학습자의 실제 삶에서의 실천과 리터러시 역동성을 전제로 학습의 통합, 다른 학습자와의 통합, 삶과의 통합을 경험하게 하는 것이다.

참고문헌

박현선(2023). OECD 2030 미래교육에 따른 메타역량 기반 읽기수업전략. ≪독어교육≫, 88, 65-89.

정옥년(2017). 평생 독자의 성장과 교육적 지원, ≪독서연구≫, 43, 35-66.

서울특별시교육청(2022). 『서울미래교육 2030: 서울교육중기발전계획위원회 최종보고서』. 서울특별시교육청.

OECD(2018). 『OECD 교육 2030: 미래교육과 역량』.

UNESCO(2021). 『함께 그려보는 우리의 미래-교육을 위한 새로운 사회계약』.

지은이

기혜선

독서 교육, 리터러시 교육 전문가다.

가톨릭대학교 교육학과에서 독서 교육 전공으로 박사학위를 취득하였으며, 대학에서 '스토리텔링과 의사소통', '글쓰기와 고전 읽기' 등 교양 과목을 강의하였다. 여러 대학의 학습지원센터에서 연구원으로 근무하며 비교과 학습지원 프로그램을 기획하고 운영하였다.

현재는 초 · 중 · 고등학교와 도서관 등에서 학생, 학부모, 교육 전문가를 대상으로 독서 · 글쓰기 교육과 디지털 미디어 리터러시 강의를 진행하고 있다.